Steven Raichlens Barbecue Bible:

BBQ Huhn

Raichlens beste Chicken-Rezepte

STEVEN RAICHLENS

BARBECUE! BIBLE®

PRESENTS

RAICHLENS BESTE
CHICKEN-REZEPTE

BBQ HUHN

HEEL

IMPRESSUM

HEEL Verlag GmbH
Gut Pottscheidt
53639 Königswinter
Tel.: 02223 9230-0
Fax: 02223 9230-13
E-Mail: info@heel-verlag.de
www.heel-verlag.de

First Published in the United States under the title:
Beer-Can Chicken: And 74 Other Offbeat Recipes For The Grill

Published by arrangement with Workman Publishing Company, New York

Deutsche Ausgabe:
Übersetzung: Jacqueline Dubois, Berlin
Satz: gb-s Mediendesign, Königswinter
Lektorat: Helge Wittkopp
Covergestaltung: Christine Mertens

Printed in Slovenia

ISBN 978-3-95843-512-4

DANKSAGUNG

FÜR BARBARA, DIE GLUT IN MEINEM GRILL, DIE KOHLENSÄURE IN MEINEM BIER.

Dieses Buch erforderte die harte Arbeit vieler Menschen. Der Autor dankt:

Suzanna Rafer für ihr außergewöhnliches Lektorat und ihre Freundschaft

Lisa Hollander für das wundervolle Design

Peter Workman, für seine Hingabe an das Barbecue

Barbara „Hawkeye“ Mateer, für ihr akribisches Korrektorat

Jim Eber und Kate Tyler, großartige Verleger

Patty Bozza, Patty Berg, Kim Cox, Katherine Deitrich, Beth Doty, Jenny Mandel, Sue Macleod, Kim Newman, Pat Upton, Paul Gamarello, Paul Hanson, Bruce Harris und allen meinen anderen Freunden bei Workman Publishing

Meiner Agentin, Angela Miller

Meinem Computerguru, Allan Drezner

Meiner Rezept-Testerin, Elida Proenza

Ein großer Dank geht auch an alle Pitmaster und BBQ-Begeisterten da draußen, die so großzügig ihr Wissen über das Smoken, Grillen und neue Möglichkeiten der Bierverwendung mit mir geteilt haben.

Zu guter Letzt meiner Frau Barbara, die ein weiteres Buch überlebt hat!

INHALT

Geschmack
PEACH
Lipton

EINFÜHRUNG

GRILLEN LEICHT GEMACHT

Quiche, Fajitas, Carpaccio, Sushi und Crème brûlée – alle paar Jahre macht ein neuer kulinarischer Trend von sich reden. Meist ist es ein Gericht, von dem die meisten Leute zuvor noch nie gehört haben, ohne das sie plötzlich jedoch nicht mehr leben können.

Nun will ein neues Gericht in die Sphären der gastronomischen Superstars aufsteigen, ein Gericht, das man, sobald man es erst einmal gesehen hat, unbedingt für seine Familie und Freunde zubereiten muss. Ein Klassiker der amerikanischen Barbecueszene macht sich auf den Weg in den Mainstream. Die Rede ist vom Bierdosen-Hühnchen.

Die Grundidee ist erstaunlich einfach: Sie grillen ein Hühnchen aufrecht stehend auf einer geöffneten Bierdose. Das Resultat ist das zarteste, saftigste und aromatischste Hühnchen, das sie jemals probiert haben. Zudem wird ihre Gäste nicht vieles so beeindrucken, wie der Anblick eines knusprig braunen Hühnchens, das frech auf einer Bierdose thront.

Seit ich bei einem Barbecuewettkampf zum ersten Mal ein Bierdosen-Hühnchen sah, habe ich es zum Entzücken von Fernsehzuschauern und Kochschülern, Familienmitgliedern und Freunden häufig zubereitet. Dabei wandelte ich das Rezept immer wieder ab, verwendete verschiedene Biersorten oder andere Flüssigkeiten und unterschiedlichste Würzmischungen. Außerdem habe ich mit der Bierdosen-Methode nicht nur Hühnchen, sondern auch anderes Geflügel zubereitet – von der Wachtel bis zur Pute. Für mich ist die Bierdosen-Methode längst keine reine unkonventionelle Garmethode mehr, sondern eine Art Lebenseinstellung.

Dieses Buch ist mein Beitrag zum Erlernen der Feinheiten der Bierdosen-Methode. Ich hoffe, Sie sehen es als Inspiration an und ich freue mich darauf, von Ihren Experimenten mit der Bierdose zu hören. Meine Website finden Sie unter www.barbecuebible.com.
Nun lassen Sie eine Dose zischen und auf geht's!

DAS BESTE HÜHNCHEN MEINES LEBENS

Das beste Hühnchen, das ich jemals gegessen habe, war nicht Paul Bocuses mit Trüffeln und Foie Gras gefülltes *Poulet de Bresse en vessie* (in einer Schweineblase pochiert). Es war auch nicht das Hühnchen, das ich einst in Hongkong probierte, eingewickelt in Lotusblätter und in Lehm gebacken – zum Essen wurde mir damals ein Hammer zum Aufbrechen der Lehmkruste serviert. Es war nicht einmal der saftige, gedämpfte Kapaun meiner Tante Annette (obwohl der ziemlich nah dran war). Das beste Hühnchen aller Zeiten kam aus einem Barbecuepit in Memphis, Tennessee, wo es in einer höchst unwürdigen Pose – aufrecht auf eine Bierdose gesetzt – gesmokt wurde.

„Bierdosen-Hühnchen", auch bekannt als „besoffenes Hühnchen", „tanzendes Hühnchen", „Beer Can Chicken" oder „Hühnchen auf dem Thron" (und andere Namen, die ich in einem familienfreundlichen Kochbuch lieber nicht nenne) ist ein absoluter Klassiker der amerikanischen Barbecue-Wettkampfszene. Zur Zubereitung wird das Huhn senkrecht auf eine offene Bierdose gesetzt und meist bei indirekter Hitze in einem Grill oder einem Smoker gegart. Sie können das Huhn aber auch im Ofen zubereiten.

Zum ersten Mal probierte ich es 1996 bei der *Memphis in May Championship* am Ufer des Mississippi. Seitdem habe ich darüber in der *New York Times* geschrieben, habe die Zubereitungsart bei *Good Morning America* vorgeführt und schließlich in unzähligen Kochkursen überall in den USA gelehrt. Bisher waren alle davon begeistert.

EINE METHODE WIE KEINE ANDERE

Was genau macht das Bierdosen-Hühnchen so unwiderstehlich? Nun, zunächst sind da Geschmack und Konsistenz. Die aufsteigenden Dämpfe verleihen dem Fleisch ein zartes Bieraroma und halten es gleichzeitig zart und saftig. Das Dämpfen geht aber nur von innen vonstatten und beeinträchtigt somit nicht die Knusprigkeit der Haut. Diese entsteht durch das aufrechte Garen, da das ganze Fett abfließen kann, was die Haut rundherum schön knusprig macht. Das Ergebnis ist ein Vogel, der außen braun und knusprig und innen unglaublich zart und aromatisch ist.

Dazu kommt die Würze des Holzrauches, da Bierdosen-Hühnchen fast immer zusammen mit glimmenden Holzchunks oder -chips zubereitet werden. Zur Verstärkung des Biergeschmacks weichen viele Pitmaster das Holz vorher sogar in Bier ein.

Zu guter Letzt ist da natürlich noch der Wow-Faktor. Kaum ein Anblick ist lustiger oder faszinierender als ein Hühnchen, das aufrecht auf einer Bierdose sitzt, die Brust herausstreckt und die Keulen entspannt hängen lässt. Manche Grillmeister betonen diesen Effekt noch, indem sie eine Selleriestange als Kopf in die Halsöffnung stecken und diesen, mit Nelken als Augen, Nase und Mund spicken.

DIE ENTSTEHUNG EINER LEGENDE

Ich wurde von den *Bryce Boar Blazers* in die Riten des Bierdosen-Hühnchen eingeführt. Das Ganze geschah an einem Freitagnachmittag an ihrem Stand beim *Memphis in May*, als Team-Captain Jim Birdsong vor meinen Augen den Deckel des riesigen Smokers öffnete. Im Inneren stand ein halbes Dutzend Hühnchen, ihre Haut gebräunt vom Holzrauch und knusprig vom Rub, aufrecht auf Bierdosen sitzend. Die *Blazers* hatten die Hühner mithilfe einer Marinadenspritze mit einer Cajungewürzlösung gespritzt und sie mit Rohrzucker sowie Zwiebel- und Knoblauchpulver auf und unter der Haut eingerieben. In die Bierdosen gaben sie weitere Gewürzmischungen, bevor sie die Hühner darauf setzten. Anschließend smokten die *Blazers* die Hühnchen vier Stunden über glimmendem Mesquiteholz. Kein Wunder, dass sie damit am nächsten Tag den heiß begehrten ersten Preis gewannen.

Woher stammt aber eigentlich die Idee dazu? Jim Birdsong erzählte, er lernte das Rezept bei einem seiner Kunden in Texas kennen. Mike Cannon, Vorsitzender des WCBCC *(World Championship Barbecue Cooking Contest)* sah sein erstes Bierdosen-Hühnchen beim *Delta Jubilee Cook Off* in Clarksville, Mississippi. Das Grundrezept war aber auch jenseits der Wettkampfszene im Umlauf. Mein Cousin Rob Raichlin, der für die *Los Angeles Clippers* arbeitet und sich mit dem Grillen wirklich auskennt, lebte damals an der *University of Southern California* praktisch von Barbecues mit Bierdosen-Hühnchen. Er lernte das Rezept im College von einem Mitbewohner aus Louisiana kennen. Die Verbindung von Bierdosen-Hühnchen und Louisiana konnte ich später bestätigen. Bei einem Radio-Interview in New Orleans, Louisiana, riefen ein halbes Dutzend Hörer an und wollten mir ihr spezielles Rezept für Bierdosen-Hühnchen vorstellen. Einer verriet mir z. B., dass er Knoblauch und Zwiebelsaft ins Bier gibt. Für einen anderen war das Geheimnis des Erfolges ein kräftiger Schuss Krabbensud.

„Die Geburt des Bierdosen-Hühnchen verlief in etwa so wie die Domestizierung der Haustiere“, erläuterte Ardie „Remus Powers“ Davis, einer der angesehensten Preisrichter in der Barbecueszene, der für seine Melone und seine aus Schweinerippchen gefertigten Manschettenknöpfe bekannt ist. „Es geschah überall gleichzeitig.“ (Davis grillt seine Hühnchen auf 500-ml-Dosen.)

DIE UNKONTROLLIERBARE REVOLUTION

Das Bierdosen-Hühnchen ist nur der Anfang. In den fünf Jahren, seit ich dieses einzigartige Rezept kennenlernte, experimentierte ich mit allen möglichen Geflügelarten, Biersorten und Gewürzen. Auf den folgenden Seiten finden Sie Bierdosenrezepte für Hühnchen, Stubenküken, Rebhuhn, Wachtel und sogar Pute. Die Pute wird auf einer riesigen 1-l-Bierdose gegrillt, während für die Wachtel eine winzige Fruchtsaftdose mit 200 ml verwendet wird (in Deutschland muss auf einen kleinen Hühnersitz oder auf eine saubere 200-ml-Prosseco-Dose ausgewichen werden).

Was die Getränke angeht, so habe ich alles Mögliche ausprobiert, von Bier über Wein bis zu Limonade, Fruchtsaft, Nektar, Cranberrysaft und sogar Eistee. Die verwendeten Gewürze nehmen Sie mit auf eine Reise durch die Welt des Barbecues, von mexikanischen Chili-Rubs über mediterrane Kräuterpasten bis hin zu feurigen asiatischen Gewürzmischungen. Sobald Sie einmal die Grundlagen des Bierdosen-Hühnchens verstanden haben, sind Ihrer Fantasie keine Grenzen gesetzt. Ist das nicht toll?

Beim Aufschreiben der Rezepte dachte ich darüber nach, was für andere verrückte Dinge ich wohl auf dem Grill zubereiten könnte. So entstanden Rezepte für eine Hühnchenbrust unter einem Backstein oder Gemüse direkt in der Glut zubereitet. In diesem Buch ließ ich meiner Fantasie freien Lauf und ich hoffe, dass Sie das auch tun.

SICHERHEIT IST ALLES

Falls Sie Bedenken haben sollten, eine Bierdose als Halterung für Ihr Hühnchen zu verwenden, kann ich Ihnen versichern, dass der Prozess gründlich getestet wurde und vollkommen sicher ist. Solange die Bierdose geöffnet ist, müssen Sie sich keine Sorgen machen. Grillen Sie das Huhn aber niemals auf einer geschlossenen Dose! *Anmerkung Verlag: Das BfR rät von der Zubereitung auf der Dose ab. Denn es können sich beim Grillen gesundheitliche Substanzen aus der bedruckten Außenseite lösen und in das Fleisch übergehen. Wir raten zur Verwendung eines Hühnersitzes.*

Bei jedem Rezept in diesem Buch werden Sie dazu aufgefordert, die Dose zu öffnen und die Hälfte der Flüssigkeit auszugießen (oder zu trinken), bevor Sie das Huhn darauf setzen. Dadurch kann die Dose nicht explodieren. Zusätzlich sollen Sie aber noch einige Löcher in den Deckel der Dose bohren.

Verwenden Sie zum Anfassen der Dose immer eine Grillzange mit langen Griffen und/oder feuerfeste Handschuhe. Sollten Sie eine Grillzange verwenden, stabilisieren Sie das Huhn beim Herausnehmen aus dem Grill mit einer zweiten Grillzange, damit es nicht umkippt. Schließlich wollen Sie Ihren Gästen Ihr Meisterwerk ja präsentieren, bevor Sie das Huhn zum Aufschneiden in die Küche oder zur Arbeitsplatte transportieren. Genaue Anweisungen zum Entfernen der Dose finden Sie auf S. 31.

LOS GEHT'S

WORAUF ICH AM LIEBSTEN BEER CAN CHICKEN GRILLE

Im Laufe der Jahre habe ich unzählige Bierdosen-Hühnchen zubereitet und ich habe das Rezept auf jede Weise abgewandelt, die ich mir vorstellen konnte. Beim Wettkampf-Barbecue werden die Hühner bei relativ niedrigen Temperaturen (110–120 °C) über einen langen Zeitraum hinweg (2 ½–4 Std.) in Smokern gegart (low-and-slow). Auf diese Weise erzielt man ein wunderbar intensives Raucharoma, aber die Haut wird selten schön knusprig.

Ich verwende lieber einen gewöhnlichen Kugelgrill (Holzkohle- oder Gasgrill) mit einer höheren Gartemperatur (160–180 °C). Die Rezepte in diesem Buch enthalten daher keine Anweisungen für Smoker. Sollten Sie dennoch das Low-and-slow-Garen in einem Smoker bevorzugen, müssen Sie 1–2 Stunden zu den angegebenen Garzeiten addieren.

Durch das indirekte Grillen (siehe S. 19) und die Verwendung von Räucherchips auf den Kohlen bzw. in der Smokebox erhalten Sie immer noch ein kräftiges Raucharoma. Die stärkere Hitze hat jedoch zwei Vorteile: Sie müssen nicht 4 Stunden auf das Essen warten (das Huhn ist in 1 ¼–1 ½ Stunden fertig) und die Haut wird immer wunderbar knusprig.

Da ich bekanntermaßen ein Grillfan bin, empfehle ich natürlich die Verwendung eines Grills. Sollten Sie jedoch in einer Mietwohnung leben oder aus anderen Gründen nicht im Freien grillen können, dann trösten Sie sich damit, dass Sie das Bierdosen-Hühnchen mit fast ähnlich spektakulären Ergebnissen im Ofen zubereiten können. Es sieht genauso toll aus, hat die gleiche knusprige Haut und ebenso saftiges Fleisch. Das einzige was fehlt, ist das Raucharoma. Bei der Zubereitung im Ofen arbeiten Sie ebenfalls mit einer Temperatur von 180 °C. Nutzen Sie das Gitter ganz unten im Ofen, sodass das Huhn (oder die Pute) aufrecht darin stehen kann, ohne die Decke des Backofens zu berühren. Stellen Sie das Huhn mit seiner Dose in einen Hühnersitz und achten Sie beim Herausnehmen darauf, nichts zu verschütten. Im Ofen garen Sie normalerweise auf indirekte Weise. Wenn im Rezept von direktem Grillen die Rede ist, dann müssen Sie die Grillfunktion im Ofen anschalten oder eine Grillpfanne auf dem Herd verwenden.

GRILLS

Bierdosen-Huhn und seine Variationen können auf einem Holzkohlegrill ebenso gut zubereitet werden, wie auf einem Gasgrill. Ersterer hat jedoch zwei Vorteile: Sie können darauf einfacher smoken und Sie können größeres Holz verwenden. Die Nachteile liegen in der etwas schwierigeren (und schmutzigeren) Handhabung und der geringeren Vorhersehbarkeit.

Gasgrills lassen sich auf Knopfdruck entzünden und halten problemlos die gewünschte Gartemperatur. Ihr größter Nachteil liegt im etwas geringeren Aroma, denn im Gegensatz zu Holzkohle hinterlässt Gas keinerlei „Eigengeschmack" (was bei Gas eher ein Vorteil ist!). Im Gasgrill ist das Smoken auch nicht ganz so einfach, obwohl viele neue Modelle bereits eine Smokebox mit eigenen Brennern besitzen.

Mit beiden Grillarten erzielen Sie gleich gute Ergebnisse und beide haben den Vorteil, sich im Freien zu befinden. Ihre Küche bleibt also schön sauber und Ihr Grillgut bekommt ein wunderbares Raucharoma. Bei fast allen Rezepten in diesem Buch können Sie beide Varianten nutzen; einige Rezepte eignen sich jedoch besser für einen Holzkohlegrill.

Holzkohlegrills

Holzkohlegrills gibt es in vielen Formen und Größen. Sie benötigen einen Grill, der sich für das indirekte Grillen eignet (siehe S. 19). Ideal ist ein Durchmesser von etwa 57 cm. Der Grill sollte einen fest schließenden Kuppeldeckel haben, der hoch genug ist, dass Sie ein ganzes Hühnchen (oder gar eine Pute) auf einer Dose in den Grill stellen können. Zudem sollte der Grill verstellbare Abzüge zur Regulierung der Luftzufuhr – und damit der Hitze – aufweisen. Ein Grillrost mit klappbaren Seitenteilen vereinfacht das Nachlegen von Holzchips. Ein gewöhnlicher Kugelgrill eignet sich genauso gut zur Zubereitung von Bierdosen-Huhn wie ein selbstgebauter Grill aus einem Fass. Tatsächlich eignen sich fast alle Holzkohlegrills, außer kleinen Tischgrills und Hibachis.

Gasgrills

Egal wie sehr ich vom Holzkohlegrill schwärme, Fakt ist, die überwältigende Mehrheit aller Amerikaner besitzt einen Gasgrill. Für die Zubereitung von Bierdosen-Huhn muss dieser mindestens zwei Zonen besitzen. Zudem benötigte er natürlich ebenfalls einen entsprechend hohen Deckel. Bei einem Gasgrill sind ein eingebautes Thermometer, eine Fettpfanne und eine Smokebox mit eigenen Brennern vorteilhaft. Sie können das Hühnchen aber auch ohne diese Eigenschaften zubereiten. Denken Sie jedoch immer an eine volle Gasflasche. Ich habe immer eine Reserveflasche auf Vorrat.

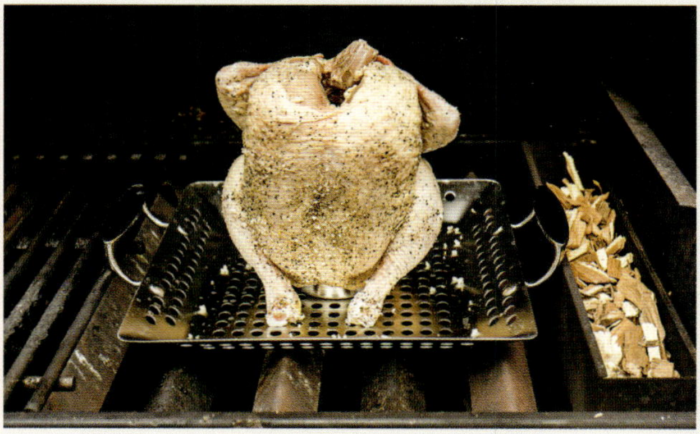

DIREKTES GRILLEN

Bei den Rezepten in diesem Buch wenden wir verschiedene Garmethoden an. Das direkte Grillen ist die Methode, an die die meisten Menschen denken, wenn sie vom Grillen reden. Das Grillgut wird dabei direkt über der Glut gegart. Diese Methode eignet sich am besten für dünnes Gargut, das in relativ kurzer Zeit zubereitet wird. Dazu gehören typischerweise Steaks, Koteletts, Hühnerbrust, Fischfilets und Gemüse.

Sie haben zwei Möglichkeiten, den Grill für das direkte Grillen einzurichten. Bei der ersten werden die glühenden Kohlen gleichmäßig verteilt, sodass eine Ein-Zonen-Glut entsteht, über der das Grillgut gegart wird. Beim Gasgrill entzünden Sie dafür einfach den/die entsprechenden Brenner. Diese Methode eignet sich gut zur Zubereitung einer kleinen Menge Grillgut, wie Steaks oder Hühnerbrüste für 1–2 Personen.

Eine bessere Kontrolle über die Temperatur erhalten Sie bei der Drei-Zonen-Glut, die aus einer heißen, einer mittleren und einer kühlen (Sicherheits-) Zone besteht. Dazu bedecken Sie ein Drittel der Bodenfläche mit zwei Dritteln der Kohlen in einer doppelten Schicht. Den Rest der Kohlen verteilen Sie im mittleren Drittel und das letzte Drittel lassen Sie frei. In der heißen Zone (doppelte Kohlen) wird das Grillgut scharf angebraten, in der Mitte wird es gegart und in der kühlen (ohne Kohlen) wird es warm gehalten bzw. abgekühlt, falls es anzubrennen droht.

Beim Gasgrill stellen Sie dafür einen Brenner auf hoch ein und einen auf mittel. Den Wärmerost verwenden Sie dann als Sicherheitszone. Bei einem Gasgrill mit drei oder vier Brennern stellen Sie einen hoch ein, einen oder zwei mittel und den letzten lassen Sie ausgeschaltet.

Grill	Temperatur
Hoch/heiß	230–340 °C
Mittel-hoch	200 °C
Mittel	160–180 °C
Mittel-niedrig	150 °C
Niedrig/gering	110–120 °C

INDIREKTES GRILLEN

Größeres Grillgut wie Schweineschulter oder ganze Hühner würden beim direkten Grillen verbrennen. Wie der Name schon sagt, wird das Grillgut beim indirekten Grillen nahe an, aber nicht über der Glut zubereitet. Der Deckel des Grills bleibt dabei geschlossen, damit keine Hitze entweichen kann. Der Grill wird damit zum Ofen. Mithilfe dieser Methode werden auch zähe Fleischstücke wie Brisket oder Ribs zubereitet, die eine lange Garzeit bei geringer Temperatur benötigen. Beim indirekten Grillen arbeiten Sie mit einer moderaten Temperatur (160–180 °C), was es einfacher macht, dem Fleisch zusätzliches Raucharoma zu verleihen. Auch unser Bierdosen-Hühnchen wird so zubereitet.

Zum Einrichten des Holzkohlegrills schütten Sie an gegenüberliegenden Seiten der Grillfläche zwei Kohlehaufen auf (bei manchen Grills gibt es dafür spezielle Kohlekörbe an den Seiten). Stellen Sie eine Fettpfanne aus Alufolie dazwischen. Ihr Grillgut wird nun in der Mitte über dieser Fettpfanne gegart, während Sie den Grill geschlossen lassen. Durch die entsprechende Einstellung der Abzüge erzielen Sie die gewünschte Temperatur, die meist bei etwa 180 °C liegt. Sollte die Gardauer Ihres Rezeptes 1 Stunde übersteigen, müssen Sie den Kohlehaufen auf beiden Seiten je 12 frische Briketts (bzw. eine entsprechende Menge Holzkohlestücke) hinzufügen. Entzünden Sie die Kohlen dafür in einem kleinen Anzündkamin und schließen Sie den Grill hinterher sofort wieder. Sie können aber auch kalte Kohlen auf die Glut legen und den Grill so lange offen lassen, bis die Kohlen angefangen haben zu glühen.

Bei einem Gasgrill mit zwei Brennern entzünden Sie nur einen, lassen den anderen aus und platzieren Ihr Grillgut darüber. Bei drei Brennern entzünden Sie die beiden äußeren bzw. die beiden vorn und hinten und grillen in der Mitte. Bei vier Brennern entzünden Sie die äußeren und grillen ebenfalls in der Mitte. Egal was für ein Gasgrill Sie besitzen, Sie sollten die Brenner auf alle Fälle vorheizen und dann auf die gewünschte Temperatur einstellen.

Smoken

Holzrauch ist ein wichtiges „Gewürz“ für das Bierdosen-Huhn. Holz zum Smoken gibt es in zwei Formen: als Chunks oder Chips. Für ein sanftes Raucharoma werfen Sie einfach eine Handvoll trockener Chips auf die Glut. Diese Technik kommt vor allem beim direkten Grillen zum Einsatz. Soll das Raucharoma jedoch intensiver sein – wie es vom klassischen amerikanischen Barbecue bekannt ist – wird das Holz vorher 1 Stunde in Wasser (oder einer Mischung aus Wasser und Bier) eingeweicht und dann abgegossen. Auf diese Weise schwelt das Holz und geht nicht in Flammen auf; dadurch wird viel mehr Rauch produziert.

Durch die Wahl verschiedener Räucherholzarten können Sie Einfluss auf das Aroma nehmen. So wie bestimmte Gewürze, eignen sich auch manche Holzarten besser für ein bestimmtes Grillgut als andere. Schwere Hölzer wie Mesquite oder Pekan sorgen für einen intensiven Rauchgeschmack, während Fruchthölzer wie Apfel oder Kirsche viel sanfter sind. Die besten allgemein einsetzbaren Sorten sind Hickory, Eiche, Kirsche und Apfel. In den nachfolgenden Rezepten schlage ich bestimmte Holzarten vor, aber wenn Sie diese nicht zur Hand haben oder nicht nutzen wollen, dann können Sie natürlich auch andere Sorten verwenden. Tatsächlich ähneln sich die meisten Raucharomen ziemlich und die Chips sind untereinander austauschbar. Zum Smoken von Bierdosen-Hühnchen können Sie nahezu jedes Hartholz verwenden und das Resultat ist immer gleich gut. Sie dürfen allerdings niemals Nadelhölzer zum Smoken verwenden, da diese stark rußen. Ebenso ausgeschlossen ist natürlich jegliches behandeltes Holz, das schädliche Chemikalien enthält.

Smoken im Holzkohlegrill

Geben Sie einfach Chunks oder Chips auf die glühenden Kohlen, bevor Sie das Grillgut auf den Rost legen.

Smoken im Gasgrill

Falls Ihr Gasgrill eine Smokebox besitzt (ein langer, schmaler Kasten, in den man Holzchips zum Smoken gibt), füllen Sie diese mit Holzchips, zünden den Brenner darunter oder daneben an und stellen ihn auf die höchste Stufe, bis Sie Rauch sehen. Fehlt eine Smokebox, können Sie die Chunks (keine Chips!) direkt auf die Brenner legen und ebenfalls auf die höchste Stufe stellen, bis Sie Rauch sehen. Dann drehen Sie die Brenner herunter, bis die gewünschte Temperatur im Garraum erreicht ist. Wenn Sie keine Smokebox besitzen, aber Chips verwenden möchten, dann können Sie eine Räuchertasche basteln: Wickeln Sie die eingeweichten Chips in feste Alufolie, stechen Sie dann oben einige Löcher hinein und legen Sie das Päckchen direkt auf einen Brenner. Warten Sie, bis Sie viel Rauch sehen. Dann können Sie die Temperatur reduzieren und das Grillgut auflegen.

BRENNSTOFFE

Beim Holzkohlegrill verwende ich am liebsten Holzkohlestücke, die aus richtigem Holz hergestellt werden und durch ihre unregelmäßige Form gut erkennbar sind. Das ist ein ganz natürliches Produkt ohne Zusätze und Bindemittel. Zünden Sie diese einfach im Anzündkamin an (siehe S. 22). Sobald die Kohle rot glüht, verteilen Sie sie auf dem Boden des Grills. Bedenken Sie aber, dass Holzkohlestücken schneller verbrennen als Briketts, daher müssen Sie alle dreißig Minuten Brennstoff nachlegen (um zu lernen, wie man die Temperatur einer Holzkohleglut einschätzt, siehe S. 21).

Die überwiegende Mehrheit aller Grillmeister in den USA verwendet dagegen lieber Briketts, die neben natürlichem Holz gern auch einmal Kohlenstaub und Bindemittel auf Petroleumbasis enthalten. Das klingt zunächst recht unschön – und es ist recht unschön – und frisch entzündete Briketts verströmen meist einen beißenden Geruch. Sobald Sie die Briketts jedoch durchglühen lassen, werden die Unreinheiten verbrannt und das Essen schmeckt genauso, als wäre es über Holzkohlestücken gegart worden. Ich persönlich bevorzuge Holzkohlestücke; nichtsdestotrotz sollte gesagt werden, dass die große Mehrheit aller professionellen Pitmaster in der Wettkampfszene lieber auf Briketts setzt. In manch anderen Teilen der Welt grillen die Maestros direkt über Holz. Der Vorteil ist klar: Holz setzt beim Verbrennen Rauch und andere Aromastoffe frei. Bei der Herstellung von Holzkohle gehen diese Aromastoffe verloren.

Bei der Zubereitung vom Bierdosen-Hühnchen auf einem Gasgrill verwenden Sie Propan-, Butangas oder eine Mischung aus beiden. Sie müssen lediglich darauf achten, stets ausreichend Gas zur Hand zu haben. Das mag Ihnen jetzt völlig offensichtlich erscheinen, aber selbst den besten von uns ist schon einmal das Gas ausgegangen – mitten beim Grillen.

SAUBERKEIT

Vergessen Sie, was Ihnen irgendwer dazu erzählt. Alle echten Pitmaster reinigen ihren Grillrost penibel, bevor Sie Lebensmittel darauf legen. Dafür erhitzen Sie den Rost (ein heißer Rost lässt sich viel einfacher reinigen als ein kalter) und schrubben ihn kräftig mit einer Drahtbürste ab. Fest angebackene Reste kratzen Sie mit dem Metallschaber ab, der sich oft am anderen Ende der Bürste befindet.

Anschließend ölen Sie den Grillrost ein. Zum einen verhindert das ein Anbacken des Grillgutes, zum anderen bekommen Sie dadurch ein schöneres Grillmuster (Branding). Beim Bierdosen-Hühnchen ist das natürlich nicht notwendig, beim „Gesteinigten" Hühnchen (S. 162) aber unerlässlich. Zum Einölen falten Sie ein Papiertuch mehrfach zusammen, tauchen es in eine Schale mit Pflanzenöl und reiben den Rost damit ein. Alternativ können Sie den Rost auch mit einem Stück Rinderfett oder einer Schweineschwarte einfetten. Ich verwende lieber das Papiertuch, da es den Rost nicht nur einölt sondern auch gleich reinigt. Sprühen Sie niemals Öl direkt auf den Rost über der Glut! Die winzigen Tröpfchen können sich schnell entzünden und die Flammen stark auflodern lassen!

Nach dem Grillen reinigen Sie den Rost, solange er noch heiß ist. Sobald der Grill abgekühlt ist, entfernen Sie die Fettpfanne. Ein Reinigen der Feuerbox mit den Kohleresten halte ich nicht für unbedingt notwendig, allerdings sollten sie eventuell ausgelaufenes Fett und größere Lebensmittelreste mit einer Blumenkelle herausnehmen.

Einschätzen der Temperatur

Der Prozess ist im Grunde ganz einfach. Halten Sie Ihre Hand etwa 10 Zentimeter über den Rost und zählen Sie „ein Mississippi, zwei Mississippi, drei Mississippi". Schon bald werden Sie Ihre Hand zurückziehen müssen, weil es zu heiß wird.

Eine hohe/heiße Temperatur ist eine Drei-Mississippi-Glut.
Eine mittel-hohe Temperatur ist eine Vier/Fünf-Mississippi-Glut.
Eine mittlere Temperatur ist eine Sechs bis Acht-Mississippi-Glut.
Eine mittel-niedrige Temperatur ist eine Neun/Zehn-Mississippi-Glut.
Eine niedrige/geringe Temperatur ist eine Elf/Zwölf-Mississippi-Glut.

ZUBEHÖR

Damit Sie ein durchgehend gutes Resultat erzielen, benötigen Sie die richtige Ausrüstung. Dabei ist es völlig egal, ob Sie ein Huhn auf der Bierdose grillen oder Kartoffeln in der Glut garen. Im Folgenden finden Sie einige wichtige Ausrüstungsgegenstände, die Sie sich ggf. zulegen sollten.

Anzündkamin

Der Anzündkamin ist ein Metallzylinder, der einen Durchmesser von 15–20 cm hat und 25–30 cm hoch ist. Im unteren Drittel befindet sich ein Drahtgitter als Unterteilung. Weiterhin hat der Kamin einen Hitzeschutz vor dem Griff. Zum Entzünden der Kohle füllen Sie den oberen Teil mit Holzkohle. In den unteren Teil geben Sie zusammengeknülltes Zeitungspapier oder einen Grillanzünder aus Paraffin. Innerhalb von 15–20 Minuten erhalten Sie auf diese Weise gleichmäßig durchgeglühte Kohlen, ohne Chemie einsetzen zu müssen. Diese verteilen Sie nach Wunsch und schon kann es losgehen. Kaufen Sie ruhig den größten Anzündkamin, den Sie finden können. Ein großer Kamin fasst genug Kohlen für eine Stunde direktes oder indirektes Grillen in einem gewöhnlichen Kugelgrill mit 57 cm Durchmesser.

Grillrost mit hochklappbaren Elementen

Hochklappbare Elemente an den Seiten des Grillrostes vereinfachen das indirekte Grillen noch mehr. Sie ermöglichen es Ihnen nämlich, rasch neue Kohlen oder Holz zum Smoken nachzulegen, ohne jedes Mal den Rost herunternehmen zu müssen. Diese Roste werden z. B. von Weber produziert.

Drahtbürste

Eine langstielige feste Drahtbürste, mit der der Grillrost gereinigt wird, bevor Sie das Grillgut darauflegen.

Grillzange

Das eine, absolut unerlässliche Werkzeug! Kaufen Sie sich eine Grillzange mit langen, festen Griffen (eine gute Quelle sind Geschäfte für Gastronomiebedarf). Das ist die Art Grillzange, die von professionellen Köchen und Pitmastern verwendet wird.

Grillgabel

Setzen Sie die Grillgabel nur sehr sparsam zum Wenden vom Grillgut ein. Je öfter Sie in das Fleisch stechen, desto mehr kostbarer Fleischsaft tritt aus.

Trichter

Bei vielen Rezepten in diesem Buch müssen Sie Säfte oder eine andere Flüssigkeit in eine leere Bierdose füllen. Mithilfe des Trichters gelingt Ihnen das problemlos. Vertrauen Sie mir, ich habe viele andere Varianten ausprobiert!

Küchenpinsel

Wollen Sie das Grillgut mit geschmolzener Butter oder etwas anderem bestreichen, benötigen Sie einen langstieligen Küchenpinsel. Kaufen Sie einen Echthaarpinsel, dessen Borsten bei der Hitze nicht schmelzen.

Einweghandschuhe

Immer mehr Pitmaster tragen heute bei der Handhabung vom Fleisch und beim Auftragen vom Rub Handschuhe. Zum einen ist das viel hygienischer als mit bloßen Händen zu arbeiten, zum anderen bleiben die Hände sauber.

Feuerfeste Handschuhe

Alle Profis tragen Grillhandschuhe mit einer Silikonbeschichtung, wenn Sie das Grillgut herausholen. Sie sind auch ein Segen, wenn Sie die Bierdose aus dem Huhn ziehen müssen. Die Entfernung per Hand ist die sicherste Methode, damit das Ganze nicht umkippt und isolierte Grillhandschuhe machen es möglich.

Elektrischer Grillanzünder

Der elektrische Grillanzünder ist ein geschwungenes Heizelement aus Metall, das man unter die Kohlen legt. Anschließend wird er einfach in die Steckdose gesteckt und innerhalb von 15–20 Minuten haben Sie glühende Kohlen – wieder ohne chemische Hilfe. Achten Sie nur darauf, sich nicht an dem Heizelement zu verbrennen.

Grillanzünder aus Paraffin

Ein Grillanzünder ohne Petroleum, der wie ein milchig-weißer Würfel aussieht. Hält man ein Streichholz daran, fängt er innerhalb von Sekunden Feuer, ganz ohne den öligen Rauch, den Anzündflüssigkeiten oft entwickeln. Ich ziehe diese Variante dem Zeitungspapier vor und meine Kohlen fangen immer wunderbar Feuer.

Kohlekörbe für den Grill

Flache Metall- oder Drahtkörbe, die das indirekte Grillen enorm erleichtern. Stellen Sie diese einfach an den gegenüberliegenden Seiten des Grillbodens auf und füllen Sie glühende Kohle hinein. Die Kohlenkörbe werden z. B. von Weber hergestellt.

Fettpfannen aus Alufolie

Dies ist ein weiterer unerlässlicher Ausrüstungsgegenstand beim Grillen von Bierdosen-Hühnchen. Die Schale wird zwischen die glühenden Kohlehaufen gestellt und fängt das austretende Fett auf – sie werden sich wundern, wie viel das ist! Die meisten Gasgrills besitzen eingebaute Fettpfannen. Denken Sie daran, diese häufig zu leeren. Fettpfannen aus Alufolie eignen sich auch gut zum Einweichen von Holzchips, marinieren von Fleisch und zum Grillen von Gemüse. Grillschalen aus Alufolie gibt es in vielen verschiedenen Größen – die einfache Variante aus dem Supermarkt (ohne Löcher!) ist völlig ausreichend. Ich habe stets verschiedene Größen auf Vorrat. Wer keine Einwegprodukte nutzen möchte, der kann auch auf eckige Hühnersitze bzw. Vierkantpfannen zurückgreifen.

Zerstäuber oder Sprühflasche

Perfekt geeignet, um das Grillgut dünn mit Bier, Wein, Fruchtsaft oder einer anderen aromatischen Flüssigkeit zu besprühen. Zudem müssen Sie sich so keine Sorgen machen, beim Bepinseln versehentlich die Dose mit dem Huhn umzustoßen.

Instant-Thermometer

Unerlässlich zur Prüfung des Garzustandes. Stechen Sie die Sonde (das dünne Ende) mindestens 5 cm tief ins Fleisch, ohne dass sie einen Knochen berührt. Wollen Sie die Kerntemperatur von dünnen Fleischstücken wie Steaks kontrollieren, stechen Sie die Sonde seitlich hinein.

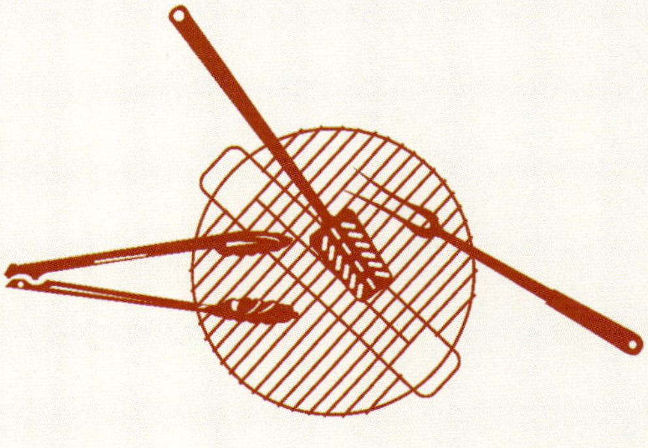

LIGHT
HOLD
ON/OFF

FAQ

BIERDOSEN-HÜHNCHEN – HÄUFIG GESTELLTE FRAGEN

Welche Biersorte soll ich verwenden?
Im Grunde können Sie alles verwenden, was Ihnen gefällt. Sollten Sie das Bier jedoch in Marinaden, zum Bepinseln oder in Barbecuesaucen verwenden wollen, sollten Sie ein Bier wählen, das Sie auch trinken würden. Manche importierte Biere und von kleinen Privatbrauereien gibt es nur in Flaschen. Nehmen Sie einfach eine leere, saubere Bierdose und füllen Sie das gute Bier mit einem Trichter ein, oder verwenden Sie einen Hühnersitz.

Welche Größe sollte ich nehmen?
Eine Standarddose mit 0,33 l Fassungsvermögen ist für ein 1 ¾ kg schweres Huhn ideal. Kleine 250-ml-Dosen eignen sich für Stubenküken, während die übergroßen Dosen mit 500 ml perfekt für größeres Geflügel wie Enten sind. Wachteln und Tauben können Sie auf sauberen 150- bzw. 200-ml-Prosseco-Dosen grillen. Wenn Sie sich dagegen an eine Pute wagen wollen, darf es ruhig eine 1-l-Dose Foster‘s aus Australien sein.

Kann man den Unterschied zwischen verschiedenen Flüssigkeiten wirklich schmecken?
Über dieses Thema wurde bereits viel geschrieben. Meiner Ansicht nach verleiht Bier dem Huhn ein sanftes malzig-hopfiges Aroma, während Limonaden und Fruchtsäfte ebenfalls leicht zum nuancierten Geschmack beitragen. Bedenken Sie aber, dass die Vorteile der Bierdosenmethode nicht einzig im Geschmack liegen sondern vor allem im Dämpfen von innen sowie dem senkrechten Grillen.

Wie kann ich den Biergeschmack betonen?
Ich verwenden Teile des Biers bzw. der verwendeten Flüssigkeit gern in Marinaden, Glasuren (Glazes) oder Barbecuesaucen. Auf den folgenden Seiten finden Sie daher Rezepte für Barbecuesaucen mit Schwarzbier, Root Beer, Cherry-Cola und sogar mit Pflaumensaft.

Was ist, wenn meine Gäste oder ich keinen Alkohol trinken?

Sie können alle möglichen Getränke als Zutat für Marinaden, Glazes oder Barbecuesauce verwenden. Auf den folgenden Seiten gibt es z. B. Rezepte für die Verwendung von Cola und Eistee, ein Root-Beer-Stubenküken, ein Rebhuhn mit Birnensaft und für Wachteln mit Ananassaft.

Wann soll ich den Grill vorbereiten?

Damit die Rezepte so einfach wie möglich zuzubereiten sind, fange ich mit dem Rub oder der Marinade an. Dann ist das Huhn an der Reihe, dann die Sauce und schließlich der Grill. Falls Sie in Eile sind (und wer ist das heutzutage nicht?) entzünden Sie zuerst die Kohlen und bereiten dann den Rub und das Huhn vor, während der Grill aufheizt. Sobald das Hühnchen gart, können Sie dann die Saucen und Beilagen zubereiten. Das Bedarf zwar einer guten Koordination, aber so gehen alle erfahrenen Grillmeister vor.

Ist es wichtig, welche Art Huhn ich verwende?

Eine Grundregel der Gastronomie besagt, dass das Gericht immer nur so gut sein kann, wie die Rohmaterialien, die darin stecken. In der Haute Cuisine mag das wohl stimmen, aber durch die Bierdosenmethode bekommt das Huhn eine große Extraportion Geschmack, sodass selbst ein gewöhnliches Hühnchen am Ende großartig gelingt. Nun stellen Sie sich aber vor, wie es erst schmecken wird, wenn Sie ein Biohuhn oder ein Maishähnchen verwenden. Das Fleisch hat eine merklich festere Konsistenz und der Geschmack ist viel intensiver.

Für wie viele Personen reicht ein Standardhuhn aus?

Ein gewöhnliches Huhn wiegt 1 ¾–2 kg und reicht für 2 hungrige Personen bzw. für 4, wenn es noch reichhaltige Beilage oder mehrere Gänge gibt und Sie nicht unbedingt auf Reste hoffen.

Wie bereite ich das Huhn vor?

Normale Hygieneregeln und der gesunde Menschenverstand schreiben uns vor, das Huhn innen und außen abzuwaschen, bevor wir es würzen und auf die Dose setzen. Entfernen Sie die Innereien und heben Sie diese für später auf. Dann trocknen Sie das Huhn innen und außen mit Papiertüchern ab. Sobald Sie mit der Handhabung vom rohen Geflügel fertig sind, sollten Sie den ganzen Arbeitsbereich inklusive aller Geräte und Ihrer Hände mit viel heißem Wasser und Spülmittel sorgfältig reinigen.

Warum muss ich das Huhn einölen?

Im Laufe der Jahre habe ich die Erfahrung gemacht, dass eine dünne Ölschicht für eine bessere Haftung der Gewürze sowie eine schön knusprige Haut sorgt.

Was ist mit Rubs?

Traditionell wird das Bierdosen-Huhn mit einem Rub gewürzt. Der einfachste Barbecue-Rub besteht aus Salz, Pfeffer, Paprikapulver und Rohrzucker. Weitere passende Gewürze sind Zwiebelpulver, Knoblauchgranulat, Chilipulver, gemahlener Kreuzkümmel, Cayennepfeffer, Zimt, Senfpulver – und nahezu jedes andere Kraut oder Gewürz, das Sie in Ihrem Kräutergarten oder Gewürzregal finden. Alternativ können Sie auch einen Wet-Rub verwenden – auch bekannt als Gewürzpaste. Dieser besteht aus einer Mischung aus Kräutern, Gewürzen und Gewürzmischungen sowie einer kleinen Menge Flüssigkeit, z. B. Essig, Öl, Fruchtsaft oder Wasser. Verteilen Sie den Rub so weit wie möglich in den Körperöffnungen des Huhns und bestreuen bzw. bestreichen Sie dann die ganze Außenseite und reiben Sie es leicht ein (deswegen heißt es Rub, englisch für „reiben"). Ziehen Sie den Hautlappen am Hals vorsichtig hoch und reiben Sie etwas Rub auf die Brust. Manche Pitmaster lösen die Haut sogar vorsichtig mit den Fingern und schieben etwas Rub darunter.

Wann soll der Rub aufgetragen werden?

Der Rub kann zwei Funktionen erfüllen: als Gewürz oder als Art Marinade. Für einen eher milden Geschmack tragen Sie den Rub unmittelbar vor dem Grillen auf. Darf es ruhig kräftiger sein, rubben Sie das Huhn 4–24 Stunden im Voraus und lassen es zugedeckt im Kühlschrank ziehen.

Was ist mit der Marinade?

Marinaden eignen sich wunderbar zum Würzen von Bierdosen-Hühnchen. Marinieren Sie das Huhn in einer großen Schüssel oder in einem verschließbaren Plastikbeutel. Wenn Sie einen Plastikbeutel verwenden, sollten Sie das Ganze in eine Schüssel stellen, damit sich die Marinade leichter einfüllen lässt. Stellen Sie das Huhn dann in den Kühlschrank und wenden Sie es zwei oder drei Mal, damit die Marinade gleichmäßig einzieht.

Sind die Flüssigkeiten in den Rezepten beliebig austauschbar?

Auf jeden Fall! Ich bin der festen Überzeugung, dass es in der Küche keine Fehler gibt, nur neue Rezepte, die noch nicht entdeckt wurden. Mischen Sie die Getränke, Rubs, Saucen usw. aus den Rezepten nach Belieben. Wer weiß, vielleicht sind Sie ja gerade dabei, ein neues Meisterwerk zu entdecken!

Gibt es bei der Vorbereitung der Dose bestimmte Tricks?

Waschen Sie die Dose zunächst rundherum sorgfältig mit heißem Wasser und Spülmittel. Öffnen Sie dann die Dose; Grillen Sie das Huhn niemals auf einer geschlossenen Dose! Stechen Sie ein paar zusätzliche Löcher in den Deckel, damit sich der Dampf besser verteilt. Zu guter Letzt gießen Sie etwa die Hälfte der Flüssigkeit aus (Sie können diese häufig für Marinaden oder Barbecuesaucen weiter verwenden). Bier können Sie auch zum Einweichen von Holzchips verwenden … oder es einfach trinken!

Warum ölen wir die Fruchtsaftdose ein, wenn wir eine Wachtel grillen?

Wachteln enthalten sehr viel weniger Fett als Hühner oder Stubenküken. Zudem umschließen sie die Dose viel enger. Durch das Einölen verhindern Sie ein Festkleben am Metall.

Wie führe ich die Bierdose am einfachsten in das Huhn ein?

Sie haben zwei Möglichkeiten: Entweder stellen Sie die Dose aufrecht in die Mitte eines Hühnersitzs, halten das Huhn mit einer Hand, spreizen die Keulen und die große Öffnung mit der anderen und schieben das Huhn mit sanftem Druck auf die Dose oder Sie können das Huhn in einer Hand leicht schräg halten und mit der anderen Hand die Dose vorsichtig hinein drehen.

Wie verhindere ich, dass das Huhn umkippt?

Indem Sie eine Art „Dreibein" bilden. Ziehen Sie die Hühnerkeulen nach vorn und nach unten – dadurch bilden Sie die Vorderseite des „Stativs". Die Bierdose stellt das dritte „Bein" dar.

Was mache ich, wenn das Huhn trotzdem umkippt?

Stellen Sie es einfach wieder hin und grillen Sie weiter. Ein bisschen verschüttetes Bier schadet keinem. Es ist zwar unwahrscheinlich, aber wenn Sie vermuten, dass das ganze Bier herausgelaufen ist, tauschen Sie die leere Dose mithilfe von feuerfesten Handschuhen gegen eine neue, halbvolle Dose aus. Denken Sie an die Extralöcher im Deckel!

Was ist die ideale Gartemperatur für Bierdosen-Huhn?

Ich gare meine Hühner am liebsten bei 180 °C. Das ist heiß genug, damit das Fett abschmilzt und die Haut schön knusprig wird, ohne sie zu verbrennen. Bei einem Gasgrill haben Sie gleich ein eingebautes Thermometer und auf S. 21 lernen Sie, wie man die Temperatur bei Holzkohle richtig einschätzt.

Kann ich das Huhn während des Grillvorganges bepinseln?

Grillmeister bepinseln Fleisch, damit es beim Grillen schön saftig bleibt. Bei Bierdosen-Huhn ist das meist nicht notwendig, da es durch den Dampf der Flüssigkeit ohnehin sehr saftig wird. Das Bepinseln dient hier also nur dem Einbringen einer zusätzlichen Geschmacksnuance. Seien Sie dabei sehr vorsichtig und tupfen Sie nur sanft mit dem Pinsel, damit die Dose nicht umkippt. Ich verwende z. B. gerne eine Sprühflasche mit Bier, Limonade, Fruchtsaft, Essig oder Sojasauce. Das hat dem Pinsel gegenüber zwei Vorteile: Die aufgetragene Schicht ist ganz dünn und gleichmäßig und die Dose kann dabei nicht umkippen.

Was mache ich, wenn mein Huhn zu schnell bräunt?

Senken Sie die Temperatur und/oder decken Sie den Vogel locker mit Alufolie ab.

Woher weiß ich, dass mein Huhn gar ist?

Dafür gibt es drei einfache Tests. Die genaueste Möglichkeit ist die Verwendung eines Instant-Thermometers. Halten Sie das Huhn dazu mithilfe sauberer Ofenhandschuhe oder einer Grillzange fest. Stechen Sie die Sonde in den dicksten Teil der Keule, ohne den Knochen zu berühren. Die Kerntemperatur sollte etwa 82 °C betragen. Alternativ können Sie einen dünnen Metallspieß hineinstechen und 10 Sekunden stecken lassen. Dieser sollte nach dem Herausziehen sehr heiß sein. Außerdem sollte der austretende Fleischsaft klar sein. Ein weiterer Test besteht darin, eine Keule zu bewegen. Sie sollte sich ganz locker im Gelenk bewegen lassen.

Ist das Huhn noch nicht gar, wenn es ganz leicht rosa ist?

Pitmaster suchen stets nach leicht rosafarbenem Fleisch direkt unter der Haut des Huhns – dem sogenannten Rauchring, der ein natürlicher Teil des Smokens und das Aushängeschild eines großartigen Grillmeisters ist. Das Fleisch an den Knochen (besonders an den Keulen) sollte jedoch nicht mehr rot oder rosa sein. Ist das Huhn noch nicht ganz gar, grillen Sie es einfach noch etwas weiter.

Wie nehme ich ein Bierdosen-Huhn am besten vom Grill?
Vorsichtig! Ich verwende eine stabile Grillzange und greife damit die Bierdose genau unter dem Hinterteil des Vogels. Alternativ können Sie das Huhn auch mit den Händen herausheben, Sie sollten dafür aber feuerfeste Handschuhe tragen.

Wie entferne ich die Bierdose am einfachsten?
Wieder sehr vorsichtig. Mithilfe feuerfester Handschuhe halten Sie das Huhn in einer Hand leicht schräg. Mit der anderen Hand ziehen oder drehen Sie die Dose vorsichtig heraus. Sie können das Huhn auch mit einer Grillzange halten und mit einer zweiten die Dose entfernen. Hinweis: Ich arbeite dabei immer über der Spüle oder einem großen Hühnersitz, falls die restliche Flüssigkeit doch auslaufen sollte. Passen Sie gut auf, sich nicht zu verbrennen! Die Flüssigkeit ist sehr heiß.

Kann ich das Bier noch einmal verwenden?
Nein, gießen Sie die restliche Flüssigkeit auf jeden Fall weg.

Kann ich die Dose wiederverwenden?
Nein, sie nimmt beim Grillvorgang einigen Schaden. Verwenden Sie stets eine frische Dose.

Kann ich Sie erreichen, falls ich Fragen habe?
Besuchen Sie meine Website barbecuebible.com und klicken Sie auf den Abschnitt „Ask the Grilling Guru“. Es kann sein, dass ich etwas länger brauche, aber ich werde auf jeden Fall antworten. Ich würde mich übrigens auch freuen, nicht nur von Ihren Problemen, sondern auch von Ihren Erfolgen und Eigenkreationen zu hören.

EIN HINWEIS ZU DEN GRUNDZUTATEN

Salz, Pfeffer, Butter, Rohrzucker. Zu diesen Zutaten greifen Grillfans auf der ganzen Welt jeden Tag. Sie sind jedoch bei weitem nicht alle gleich und die Art der Gewürze kann, selbst bei etwas so einfachem wie Salz, großen Einfluss auf das Ergebnis haben.

Barbecuesauce:
Als Grillguru stelle ich meine Barbecuesauce meist selbst her. Es gibt aber auch tolle Fertigsaucen. Falls in einem Rezept also Barbecuesauce benötigt wird, Sie aber keine Zeit haben selbst eine zu kochen, verwenden Sie einfach eine gute Fertigsauce nach Wahl.

Butter:
Wie dunkler- und heller Rohrzucker ist auch gesalzene bzw. ungesalzene Butter beim Grillen meist austauschbar. Die meisten Pitmaster arbeiten bei Wettkämpfen mit gesalzener Butter, die etwas aromatischer ist, als ungesalzene. Den gleichen Effekt erzielen Sie jedoch auch mit ungesalzener Butter und einer Prise Salz. Benötigen Sie für ein Rezept 2 EL gesalzene Butter, Sie haben aber nur ungesalzene im Haus, müssen Sie also deswegen nicht extra losfahren.

Fruchtsäfte:
Der Unterschied zwischen frisch gepresstem Orangen-, Zitronen- oder Limettensaft und Saft aus Konzentrat ist enorm. Hier mache ich keine Kompromisse. Falls in einem Rezept frisch gepresster Saft erforderlich ist, sollten Sie diesen auch verwenden. Andererseits sind kommerzielle Säfte und Nektare aus Pfirsich, Birne oder Cranberry völlig in Ordnung.

Senf:
Viele amerikanische Pitmaster verwenden gewöhnlichen gelben Supermarktsenf. Ich bevorzuge jedoch die guten französischen Varianten, besonders glatten Dijon oder körnigen Moutarde de Meaux.

Öl:
Es reichert Marinaden, Mopps, Glaces und Brines an und lässt das Grillgut, nicht nur Huhn, wunderbar glänzen. Zudem verhindert es, dass Fisch oder Hühnerbrust am Grill festkleben. Kurz vor dem Servieren über das Fleisch geträufelt eröffnet es eine ganz neue Geschmacksdimension. Ich spreche hier vom Lebenselixier des Barbecues: dem Öl. Achten Sie bei der Auswahl auf das passende Öl zum Rezept, z. B. Olivenöl für mediterrane oder auch kalifornische Rezepte und Sesamöl für asiatische. Alle besitzen das nussig-fruchtige Aroma der Früchte, aus denen Sie gepresst wurden und verleihen den Gerichten zusätzlichen Geschmack. Das Olivenöl sollte immer Extra Vergine sein, d. h., wenig Säure enthalten und betont fruchtig sein. Beim Sesamöl sollten Sie zu einer asiatischen Variante greifen, die aus geröstetem Sesam gepresst wurde und sehr nussig ist. Wird ein neutrales Öl benötigt, können Sie Rapsöl oder ein ähnliches Pflanzenöl verwenden.

Pfeffer:
Barbecue ohne den aromatischen Kick des Pfeffers ist kaum vorstellbar, egal welche Gewürze Sie sonst verwenden. Idealerweise mahlen Sie weiße oder schwarze Pfefferkörner stets frisch, wenn Pfeffer gefordert ist. Frisch gemahlener Pfeffer schmeckt viel intensiver und aromatischer als Fertigpfeffer. Dennoch verwenden die meisten Grillmeister vorgemahlenen Pfeffer sehr erfolgreich. Das ist natürlich viel praktischer und kein Rezept in diesem Buch wird schlechter, wenn Sie es genauso machen. Ein guter Kompromiss ist aber z. B., alle paar Wochen ein paar Gramm Pfefferkörner zu mahlen und luftdicht verschlossen aufzubewahren. So haben Sie jederzeit den gewünschten Pfeffer zur Verfügung, müssen aber nicht erst jedes Mal mit der Pfeffermühle hantieren.

Salz:
Ich mag grobkörniges Salz zum Grillen. Die größeren Salzkörner lösen sich langsamer auf als gewöhnliches Tafelsalz. Meersalz enthält zudem Spurenelemente aus dem Meer, sodass es besonders gut zu Fisch und Meeresfrüchten (aber natürlich auch zu Geflügel) passt.

Zucker:
Sofern es nicht anders gefordert wird, verwenden Sie gewöhnlichen Kristallzucker. Wird Rohrzucker benötigt, können Sie hellen oder dunklen Rohrzucker nehmen, was immer Sie gerade zur Hand haben. Dunkler Rohrzucker enthält mehr Melasse und ist daher etwas aromatischer. Sie müssen aber wegen einem Teelöffel Zucker nicht gleich zum nächsten Supermarkt rennen – so groß ist der Unterschied nicht.

BIERDOSEN-HUHN

Ein Barbecue ohne Bier ist wie ein Smoker ohne Rauch oder ein Grill ohne Glut. Das Bier ist jedoch nicht nur zum Trinken da. In diesem Kapitel stelle ich Ihnen das klassische Bierdosen-Huhn in all seiner Pracht vor, und natürlich die zahlreichen köstlichen Varianten, die ich auf meinen Reisen durch die Welt des Barbecues kennengelernt habe. Hühnchen Karbonade zeigt z. B. auf, wie der Barbecue-Klassiker geworden wäre, hätte ihn ein belgischer Pitmaster erfunden, während Bierdosen-Tandoori, Beijing-Huhn und Trüffel-Hühnchen ihre Wurzeln in der indischen, chinesischen und italienischen Küche haben. Weiterhin lernen Sie, wie man japanisch angehauchtes Sake-Hühnchen auf einer Bierdose grillt. Also, öffnen sie ein kühles Bier, schmeißen Sie den Grill an und los geht's!

Bei allen Hähnchenrezepten lässt
sich wunderbar Wurzelgemüse
aller Art im Hühnersitz mitgaren

Grundrezept

BIERDOSEN-HÜHNCHEN

Hier ist es also. Das Master-Rezept für das Ur-Bierdosen-Hühnchen, der Clou der nächsten Party, der Ihre Familie und Freunde schlicht umhauen wird. Falls es Ihr erstes Bierdosen-Huhn ist, sollten Sie mit diesem Rezept beginnen – später sind Ihrer Fantasie keine Grenzen gesetzt!

1 Dose (0,33 l) Bier
1 Huhn (1 ¾–2 kg)
2 EL Allzweck-Barbecuerub (Rezept folgt) oder Ihr Lieblingsrub
2 EL Pflanzenöl

Sie benötigen weiterhin:

2 Tassen Chunks oder Chips (am besten Hickory oder Kirsche), 1 Stunde in Wasser und/oder Bier eingeweicht und abgegossen
1 Hühnersitz (optional)

1 Bierdose öffnen und die Hälfte des Getränks entweder zum Einweichen der Holzchips nutzen oder für später aufbewahren. Wird das Huhn auf der Dose gegrillt, 2 weitere Löcher in den Deckel bohren und anschließend beiseite stellen.

2 Das Paket mit den Innereien aus dem Huhn nehmen und beiseite legen. Überschüssiges Fett in den Körperöffnungen entfernen. Das Huhn unter fließend kaltem Wasser abspülen und innen und außen mit einem Papiertuch trocken tupfen. Nun 1 TL Rub in die große Körperhöhle und ½ TL Rub in die Halsöffnung streuen. Die Haut rundherum dünn einölen, mit 1 EL Rub bestreuen und diesen leicht einmassieren. Die restlichen 1 ½ TL Rub in die offene Bierdose streuen. Keine Sorge, falls das Bier zu schäumen beginnt – das ist ganz normal.

3 Wenn auf der Bierdose gegrillt wird: Das Huhn senkrecht halten und vorsichtig auf die Bierdose setzen. Die Keulen anschließend nach vorne ziehen, sodass das Ganze eine Art Dreifuß bildet und das Huhn aufrecht stehen bleibt.

Wenn auf einem Hühnersitz gegrillt wird: Die Biermischung einfüllen und das Huhn gemäß Anweisungen des Herstellers positionieren.

4 Die Flügel hinter dem Rücken feststecken.

5 Den Grill für indirektes Grillen einrichten (siehe S. 19 für Holzkohle und Gas) und auf mittlere Temperatur (160–180 °C) vorheizen. Beim Holzkohlegrill eine große Fettpfanne in die Mitte stellen. Beim Gasgrill die Chunks oder Chips in die Smokebox oder in eine Räuchertasche (siehe S. 20) legen, stark vorheizen, bis sich Rauch bildet, und die Temperatur im Garraum dann auf 160–180 °C reduzieren.

6 Sobald es losgehen kann: Beim Holzkohlegrill das Holz zum Smoken auf die Kohlen geben und das Huhn in die Mitte des heißen Grillrostes über die Fettpfanne stellen. Den Grill schließen und das Huhn 1 ¼–1 ½ Stunden grillen, bis die Haut außen schön gebräunt und sehr knusprig ist. Das Fleisch ist gar, wenn das Kernthermometer am dicksten Teil der Keule, ohne den Knochen zu berühren, eine Kerntemperatur von 82 °C anzeigt (siehe S. 30 für andere Möglichkeiten zur Überprüfung des Garzustandes). Der Holzkohlegrill benötigt nach 1 Stunde 12 frische Kohlen pro Seite. Wird das Huhn zu braun, locker mit Alufolie abdecken.

7 Wenn auf der Bierdose gegrillt wird: Das Huhn mit einer Grillzange vorsichtig an der Dose anfassen und aufrecht auf einen Servierteller stellen.

Wenn auf einem Hühnersitz gegrillt wird: Das Huhn mithilfe von feuerfesten Handschuhen mit dem Hühnersitz aus dem Grill holen.

8 Präsentation Ihres Meisterwerkes: Das Huhn 5 Minuten ruhen lassen und dann vorsichtig die Bierdose entfernen, ohne das kochend heiße Bier zu verschütten! Das Huhn halbieren, vierteln oder anderweitig aufschneiden und servieren.

Ergibt 2–4 Portionen

Tipp!

Verwenden Sie Limonade oder Fruchtsaft statt Bier. Tauschen Sie die Rubs in diesem Buch beliebig aus – allein dadurch verändern Sie den ethnischen Charakter Ihrer Kreation.

HARMONISCHER ALLZWECK-BARBECUERUB

Variationen dieses Rubs tauchen in all meinen Barbecuebüchern auf. Es gibt 4 Grundzutaten: Salz, schwarzer Pfeffer, Paprikapulver und Rohrzucker – und durch eine Veränderung der Proportionen, können Sie eine nahezu endlose Bandbreite an Geschmacksrichtungen erzeugen. Für einen schärferen Rub verwenden Sie rosenscharfes Paprikapulver anstatt edelsüßes. Sie können Haushaltszucker, hellen Rohrzucker oder Vollrohrzucker (Sucanat) nehmen. Es gibt keinen Fisch und/oder Fleischsorte die nicht von einer großzügigen Portion dieses vielseitigen Rubs profitieren würde.

60 g Meersalz
45 g dunkler Rohrzucker
40 g Paprikapulver, edelsüß
2 EL schwarzer Pfeffer, frisch gemahlen

1 Das Salz, den Zucker, das Paprikapulver und den schwarzen Pfeffer in eine kleine Schüssel geben und sorgfältig mischen (das geht mit den Fingern besser als mit einem Löffel).

2 In einem dunklen Behälter, der luftdicht verschlossen ist, hält sich der Rub mindestens 6 Monate.

Ergibt ca. 150 g

BRAUMEISTER-HÜHNCHEN

Huhn und die Marinade:

1 Dose oder Flasche (0,33 l) dunkles Bier

100 ml Dijonsenf

230 ml Sojasauce

2 EL Zitronensaft, frisch gepresst

1 mittelgroße Zwiebel, fein gehackt

4 Knoblauchzehen, zerdrückt

1 TL Chili-Sauce, nach Wahl

1 TL Meersalz

½ TL schwarzer Pfeffer, frisch gemahlen

1 Huhn (1 ¾–2 kg)

Rub:

2 TL Paprikapulver

2 TL Senfpulver

2 TL Meersalz

1 TL schwarzer Pfeffer, frisch gemahlen

½ TL Kreuzkümmelpulver

½ TL Selleriesamen

¼ TL Muskatnuss, gerieben

1 Dose (0,33 l) dunkles Bier oder dunkles Bier aus der Flasche

2 TL Pflanzenöl

Schwarzbier-Barbecuesauce (Rezept folgt)

Sie benötigen weiterhin:

2 Tassen Chunks oder Chips (am besten Hickory oder Kirsche), 1 Stunde in Wasser und/oder Bier eingeweicht und abgegossen

1 saubere, leere 0,33-l-Dose oder einen Hühnersitz (optional)

Bier ist mehr als das perfekte Barbecuegetränk – es ist das Lebenselixier der Outdoor-Küche. Jedes Huhn, das damit gegrillt wird, erhält ein sanftes Bieraroma, aber in diesem Rezept soll es intensiver sein, deshalb marinieren wir den Vogel in einer Mischung aus Bier, Senf und Sojasauce. Als i-Tüpfelchen wird das Braumeister-Huhn schließlich mit einer Barbecuesauce aus Schwarzbier serviert.

Weitere Vorbereitung:
4–12 Stunden zum Marinieren einplanen

1 Zubereitung der Marinade: Das Bier, den Senf, die Sojasauce, den Zitronensaft, die Zwiebel, den Knoblauch, die Chili-Sauce, das Salz und den Pfeffer in einer tiefen Schüssel mit dem Schneebesen verrühren.

2 Das Paket mit den Innereien aus dem Huhn nehmen und beiseite legen. Überschüssiges Fett in den Körperöffnungen entfernen. Das Huhn unter fließend kaltem Wasser abspülen und innen und außen mit einem Papiertuch trocken tupfen. Anschließend in die Schüssel mit der Marinade legen oder das Huhn und die Marinade in einen wiederverschließbaren Plastikbeutel geben. Zugedeckt im Kühlschrank mindestens 4 Stunden, besser aber über Nacht, marinieren lassen. Dabei mehrfach wenden, damit die Marinade gleichmäßig einziehen kann.

3 Zubereitung des Rubs: Das Paprikapulver, das Senfpulver, das Salz, den Pfeffer, den Kreuzkümmel, die Selleriesamen und die Muskatnuss in einer kleinen Schüssel mischen und beiseite stellen.

4 Kommt das Bier aus der Dose: Bierdose öffnen und die Hälfte des Getränks entweder zum Einweichen der Holzchips nutzen oder für später aufbewahren.

Kommt das Bier aus der Flasche: Eine leere Bierdose zur Hälfte mit dem dunklen Bier füllen bzw. in den Hühnersitz gießen und den Anweisungen des Herstellers folgen.

5 Die halbvolle Bierdose bzw. den Hühnersitz beiseite stellen.

6 Das Huhn aus der Marinade nehmen und trocken tupfen. Die restliche Marinade weggießen. Nun 1 TL Rub in die große Körperhöhle und ½ TL Rub in die Halsöffnung streuen. Die Haut rundherum dünn einölen, mit 1 EL Rub bestreuen und diesen leicht einmassieren. Den restlichen Rub in die offene Bierdose streuen. Keine Sorge, falls das Bier zu schäumen beginnt – das ist ganz normal.

7 Wenn auf der Bierdose gegrillt wird: In den Deckel der Bierdose 2 weitere Löcher stechen. Das Huhn senkrecht halten und vorsichtig auf die Bierdose setzen. Die Keulen anschließend nach vorne ziehen, sodass das Ganze eine Art Dreifuß bildet und das Huhn aufrecht stehen bleibt.

Wenn auf einem Hühnersitz gegrillt wird: Das Huhn gemäß Anweisungen des Herstellers positionieren.

8 Die Flügel hinter dem Rücken feststecken.

9 Den Grill für indirektes Grillen einrichten (siehe S. 19 für Holzkohle und Gas) und auf mittlere Temperatur (160–180 °C) vorheizen. Beim Holzkohlegrill eine große Fettpfanne in die Mitte stellen. Beim Gasgrill die Chunks oder Chips in die Smokebox oder in eine Räuchertasche (siehe S. 20) geben und bei starker Temperatur vorheizen, bis sich Rauch bildet, dann die Temperatur im Garraum auf 160–180 °C reduzieren.

10 Sobald es losgehen kann: Beim Holzkohlegrill das Holz zum Smoken auf die Kohlen geben und das Huhn in die Mitte des heißen Grillrostes über die Fettpfanne stellen. Den Grill schließen und das Huhn 1 ¼–1 ½ Stunden grillen, bis die Haut außen schön gebräunt und sehr knusprig ist. Das Fleisch ist gar, wenn das Kernthermometer am dicksten Teil der Keule, ohne den Knochen zu berühren, eine Kerntemperatur von 82 °C anzeigt (siehe S. 30 für andere Möglichkeiten zur Überprüfung des Garzustandes). Der Holzkohlegrill benötigt nach 1 Stunde 12 frische Kohlen pro Seite. Wird das Huhn zu braun, locker mit Alufolie abdecken.

Tipp!

Zu den dunklen Biersorten oder Schwarzbieren gehören einige Ales, alle Porter und das dunkelste von allen, Stout. Ich mag ihr süßlich-malziges Aroma für dieses Rezept. Leider gibt es die meisten Schwarzbiere nur in Flaschen, deshalb müssen Sie entweder ein gewöhnliches Bier zum Grillen verwenden und ein dunkles für die Sauce – oder Sie füllen das Bier einfach um.

11 Wenn auf der Bierdose gegrillt wird: Das Huhn mit einer Grillzange vorsichtig an der Dose anfassen und aufrecht auf einen Servierteller stellen.

Wenn auf einem Hühnersitz gegrillt wird: Das Huhn mithilfe von feuerfesten Handschuhen mit dem Hühnersitz aus dem Grill holen.

12 Präsentation Ihres Meisterwerkes: Das Huhn 5 Minuten ruhen lassen und dann vorsichtig die Bierdose entfernen, ohne das kochend heiße Bier zu verschütten! Das Huhn halbieren, vierteln oder anderweitig aufschneiden und servieren.

Ergibt 2-4 Portionen

Anmerkung

Die Marinade eignet sich auch perfekt für Steaks, Schweinelenden und Lammkoteletts.

SCHWARZBIER-BARBECUESAUCE

Verwenden Sie für dieses Rezept ein Schwarzbier mit viel Charakter. Gute Kandidaten sind z. B. Newcastle Brown Ale, Samual Smith Oatmeal Stout oder Dragon Stout aus Jamaika. Wenn Sie die Bierimporte nicht bekommen können, dann greifen Sie einfach auf deutsche Produkte wie z. B. Köstritzer Schwarzbier zurück.

- 1 EL Butter
- 1 Scheibe Bacon, fein geschnitten
- 1 mittelgroße Zwiebel, fein gehackt
- 250 ml dunkles Bier
- 250 ml Ketchup
- 60 ml Worcestershiresauce
- 50 g (oder mehr) dunkler Rohrzucker
- 3 EL Dijonsenf
- 1 EL Zitronensaft, frisch gepresst
- 1–3 TL Tabasco oder eine andere Chili-Sauce
- 1 TL Flüssigrauch
- 125 ml Wasser
- Meersalz und frisch gemahlener schwarzer Pfeffer

1 Die Butter bei mittlerer Temperatur in einem Topf schmelzen. Den Bacon und die Zwiebel dazugeben und 5–8 Minuten goldbraun braten. Falls die Zwiebelstückchen zu dunkel werden, die Temperatur reduzieren.

2 Das Bier dazugeben und alles auf die Hälfte einkochen. Anschließend den Ketchup, die Worcestershiresauce, den Rohrzucker, den Senf, den Zitronensaft, die Chili-Sauce, den Flüssigrauch und das Wasser unterrühren. Die Sauce etwa 10 Minuten köcheln lassen, bis sie dick und aromatisch ist. Dabei immer wieder mit einem Holzlöffel umrühren. Mit Salz und Pfeffer abschmecken – die Sauce sollte kräftig gewürzt sein. Vor dem Servieren auf Raumtemperatur abkühlen lassen. Zugedeckt im Kühlschrank aufbewahrt hält sich die Sauce etwa 1 Woche. Vor der Verwendung wieder auf Raumtemperatur erwärmen.

Ergibt ca. 500 ml

HÜHNCHEN KARBONADE

Nordamerikaner haben kein Monopol darauf, mit Bier zu kochen. Fragen Sie ruhig einmal einen Belgier oder einen Nordfranzosen. Die örtliche Spezialität in Belgien ist Karbonade, ein Schmorbraten, der in einer kräftigen Mischung aus Knoblauch, Bier und karamellisierten Zwiebeln zubereitet wird. Das brachte mich auf die Idee, eine Karbonadesauce zu Hühnchen statt Schmorbraten zu servieren – und ein neues Bierdosen-Huhn war geboren.

Weitere Vorbereitung:
1 Stunde für das Marinieren einplanen

1 Huhn (1 ¾–2 kg)
0,33 l belgisches Bier + 0,33 l Bier in der Dose, nach Wahl
2 EL Olivenöl
1 mittelgroße Zwiebel, dünn geschnitten
2 Knoblauchzehen, fein gehackt
1 TL getrockneter Thymian
1 Lorbeerblatt
schwarzer Pfeffer, frisch gemahlen
Meersalz
2 EL Pflanzenöl
Karbonadesauce (Rezept folgt)

Sie benötigen weiterhin:
2 Tassen Chunks oder Chips (am besten Hickory oder Kirsche), 1 Stunde in Wasser und/oder Bier eingeweicht und abgegossen
1 saubere, leere 0,33-l-Dose oder einen Hühnersitz (optional)

1 Das Paket mit den Innereien aus dem Huhn nehmen und beiseite legen. Überschüssiges Fett in den Körperöffnungen entfernen. Das Huhn unter fließend kaltem Wasser abspülen und innen und außen mit einem Papiertuch trocken tupfen. Das Huhn in eine tiefe Schüssel oder einen wiederverschließbaren Plastikbeutel legen. 0,33 l belgisches Bier, das Olivenöl, die Zwiebel, den Knoblauch, den Thymian, das Lorbeerblatt und ½ TL Pfeffer dazugeben. Zugedeckt im Kühlschrank 1 Stunde marinieren lassen und dabei mehrmals wenden.

2 Kommt das Bier aus der Dose: Bierdose öffnen und die Hälfte des Getränks entweder zum Einweichen der Holzchips nutzen oder für später aufbewahren. Kommt das Bier aus der Flasche: Eine leere Bierdose zur Hälfte mit dem Bier füllen bzw. in den Hühnersitz gießen und den Anweisungen des Herstellers folgen.

3 Die halbvolle Bierdose bzw. den Hühnersitz beiseite stellen.

4 Das Huhn aus der Marinade nehmen und trocken tupfen. Die Körperhöhle großzügig mit Salz und Pfeffer würzen. Die Haut rundherum dünn einölen, mit Salz und Pfeffer bestreuen und leicht einmassieren.

5 Wenn auf der Bierdose gegrillt wird: In den Deckel der Dose 2 weitere Löcher stechen. Das Huhn senkrecht halten und vorsichtig auf die Bierdose

stecken. Die Keulen anschließend nach vorne ziehen, sodass das Ganze eine Art Dreifuß bildet und das Huhn aufrecht stehen bleibt.

Wenn auf einem Hühnersitz gegrillt wird: Die Biermischung einfüllen und das Huhn gemäß Anweisungen des Herstellers positionieren.

6 Die Flügel hinter dem Rücken feststecken.

Tipp!

Belgier brauen einige der besten Biere auf diesem Planeten und ich empfehle ausdrücklich, für dieses Rezept eines davon zu verwenden. Da die Belgier ihr Bier aber sehr ernst nehmen, vermeiden sie Dosen, deshalb müssen Sie das Bier umfüllen oder einen Hühnersitz verwenden.

7 Den Grill für indirektes Grillen einrichten (siehe S. 19 für Holzkohle und Gas) und auf mittlere Temperatur (160–180 °C) vorheizen. Beim Holzkohlegrill eine große Fettpfanne in die Mitte stellen. Beim Gasgrill die Chunks oder Chips in die Smokebox oder in eine Räuchertasche (siehe S. 20) legen und bei starker Temperatur vorheizen, bis sich Rauch bildet, dann die Temperatur im Garraum auf 160–180 °C reduzieren.

8 Sobald es losgehen kann: Beim Holzkohlegrill das Holz zum Smoken auf die Kohlen geben und das Huhn in die Mitte des heißen Grillrostes über die Fettpfanne stellen. Den Grill schließen und das Huhn 1 ¼–1 ½ Stunden grillen, bis die Haut außen schön gebräunt und sehr knusprig ist. Das Fleisch ist gar, wenn das Kernthermometer am dicksten Teil der Keule, ohne den Knochen zu berühren, eine Kerntemperatur von 82 °C anzeigt (siehe S. 30 für andere Möglichkeiten zur Überprüfung des Garzustandes). Der Holzkohlegrill benötigt nach 1 Stunde 12 frische Kohlen pro Seite. Wird das Huhn zu braun, locker mit Alufolie abdecken.

9 Wenn auf der Bierdose gegrillt wird: Das Huhn mit einer Grillzange vorsichtig an der Dose anfassen und aufrecht auf einen Servierteller stellen.

Wenn auf einem Hühnersitz gegrillt wird: Das Huhn mithilfe von feuerfesten Handschuhen mit dem Hühnersitz aus dem Grill holen.

10 Präsentation Ihres Meisterwerkes: Das Huhn 5 Minuten ruhen lassen und dann vorsichtig die Bierdose entfernen, ohne das kochend heiße Bier zu verschütten! Das Huhn halbieren, vierteln oder anderweitig aufschneiden und mit der Karbonadesauce servieren.

Ergibt 2-4 Portionen

KARBONADESAUCE

Karamellisierte Zwiebeln und Bier verleihen dieser Sauce den typisch belgischen Geschmack. Ich habe bereits eine Reihe von Bieren vorgeschlagen und je aromatischer das gewählte Bier ist, desto weniger benötigen Sie davon. Zu viel Bier macht die Sauce bitter. Verwenden Sie nur 60 ml Bier, müssen Sie weitere 60 ml Hühnerbrühe dazugeben. Am besten eignet sich dafür hausgemachte Brühe.

- 2 EL Butter
- 1 große Zwiebel, dünn geschnitten
- 3 Knoblauchzehen, gehackt
- 1 große, reife Tomate, gehäutet, Kerne entfernt und gewürfelt
- 1 Lorbeerblatt
- 1 EL Mehl
- 2 EL Tomatenmark
- 60–120 ml Bier
- 350–420 ml hausgemachte Hühnerbrühe (S. 52) oder salzarme Fertigbrühe
- 1 TL Dijonsenf
- ½ TL Honig
- 1 Frühlingszwiebel, (weiße und grüne Teile) geputzt und fein geschnitten
- 3 EL frische Petersilie oder Koriander, fein gehackt
- Meersalz und frisch gemahlener schwarzer Pfeffer

1 Die Butter bei mittlerer Temperatur in einem Topf schmelzen. Die Zwiebel und den Knoblauch dazugeben und 8–12 Minuten goldbraun braten. Falls die Zwiebel zu dunkel wird, die Temperatur reduzieren.

2 Die Tomate und das Lorbeerblatt dazugeben und 2 Minuten köcheln. Das Mehl unterrühren und weitere 2 Minuten köcheln. Das Tomatenmark dazugeben und ebenfalls 2 Minuten köcheln. Das Bier dazugeben, die Temperatur erhöhen und alles aufkochen. Mit einem Holzlöffel rühren, bis die Sauce eindickt. Anschließend die Hühnerbrühe, den Senf, den Honig, die Frühlingszwiebel und 2 EL Petersilie unterrühren und erneut aufkochen.

3 Die Temperatur reduzieren und die Sauce 5 Minuten köcheln, bis sie dick und aromatisch ist. Das Lorbeerblatt herausnehmen und wegwerfen. Die restliche Petersilie unterheben und mit Salz und Pfeffer abschmecken. Die Sauce sollte kräftig gewürzt sein. Bis zum Servieren warm halten.

Ergibt ca. 500 ml

Tomatentipps:

Kerne entfernen: Den Strunk entfernen, die Tomate halbieren und anschließend die Hälften über einer Schüssel vorsichtig ausdrücken. Im Zweifelsfalle die restlichen Kerne mit einem Löffel herauskratzen. Falls Ihnen das Entkernen und Häuten der Tomate zu viel Arbeit macht, dann lassen Sie es einfach weg – die Sauce wird auch so toll.

Häuten: Den Strunk herausschneiden und dann das gegenüber liegende Ende kreuzförmig einschneiden. Anschließend in kochendes Wasser tauchen. Nach ca. 45 Sekunden beginnt sich die Haut zu lösen. Die Tomate herausnehmen, unter kaltem Wasser abschrecken und die Haut kann mit den Fingern abgezogen werden.

BRINED BIG BOY

Brine:

1 große Dose (500 ml) Bier
250 g Meersalz + Salz zum Würzen des Huhns
1 l heißes Wasser
2 l kaltes Wasser
2 Lorbeerblätter
4 Nelken
1 kleine Zwiebel, geviertelt
2 Streifen Zitronenzesten (1 x 6 cm, mit einem Gemüseschäler abgezogen)
3 Knoblauchzehen, geschält und leicht zerdrückt
3 Scheiben frischer Ingwer (½ cm dick), leicht zerdrückt
8 Pfefferkörner

1 Poularde (2 ½–3 kg)
2 EL Butter, geschmolzen
Meersalz, frisch gemahlener schwarzer Pfeffer und edelsüßes Paprikapulver
Barbecuesauce nach Wahl, zum Servieren

Sie benötigen weiterhin:

2 Tassen Chunks oder Chips (am besten Hickory oder Kirsche), 1 Stunde in Wasser und/oder Bier eingeweicht und abgegossen
1 saubere, leere 0,33-l-Dose oder einen Hühnersitz (optional)

Ein Roaster oder Poularde ist ein großes Brathuhn. Falls sich jemals jemand darüber beschwert hat, dass Ihr Brathühnchen zu trocken sei, ist dies der richtige Vogel für Sie. Trotz der Größe (2 ½–3 kg) ist das Fleisch ganz zart und saftig. Das Geheimnis liegt darin, das Huhn über Nacht in einer Salzlake (Brine) einzulegen, bevor es auf der Bierdose gegrillt wird. Durch das Wunder der Osmose verleiht die Lake dem Fleisch Feuchtigkeit und Aroma.

Weitere Vorbereitung:
12 Stunden für das Einlegen einplanen

1 Bierdose öffnen und die Hälfte des Getränks in einen großen, tiefen Topf füllen (in den das Huhn gerade so hinein passt). Wenn auf der Bierdose gegrillt wird, in den Deckel der Dose 2 weitere Löcher stechen. Anschließend mit Alufolie abdecken und bis zur Verwendung im Kühlschrank aufbewahren.

2 Zubereitung der Brine: In den Topf mit dem Bier das Salz und das heiße Wasser geben. So lange rühren, bis sich das Salz auflöst. Anschließend das kalte Wasser hinzugeben. Die Lorbeerblätter mithilfe der Nelken an 2 Zwiebelvierteln feststecken und mit den beiden übrigen Vierteln, der Zesten, dem Knoblauch, dem Ingwer und den Pfefferkörnern in den Topf geben. Auf Raumtemperatur abkühlen lassen.

3 Das Paket mit den Innereien aus dem Huhn nehmen und beiseite legen. Überschüssiges Fett in den Körperöffnungen entfernen. Das Huhn unter fließend kaltem Wasser abspülen und innen und außen mit einem Papiertuch trocken tupfen. Daraufhin in die abgekühlte Salzlake geben und beschweren, sodass es vollständig untergetaucht ist. Zugedeckt 12 Stunden im Kühlschrank ziehen lassen.

4 Das Huhn aus der Lake herausnehmen und die Flüssigkeit weggießen. Anschließend mit Papiertüchern trocken tupfen und rundherum mit der geschmolzenen Butter bepinseln. Nun mit wenig Salz (durch die Lake ist es salzig genug), Pfeffer und Paprikapulver würzen.

B:ORIGINAL
BUDWEISER
Brewed by the brewery
Gebraut und abgefüllt in der Brauerei
BUDVAR, National Corporation
České Budějovice (Budweis)
Czech Republic / Tschechische Republik

5 Wenn auf der Bierdose gegrillt wird: Das Huhn senkrecht halten und vorsichtig auf die Bierdose setzen. Die Keulen anschließend nach vorne ziehen, sodass das Ganze eine Art Dreifuß bildet und das Huhn aufrecht stehen bleibt.

Wenn auf einem Hühnersitz gegrillt wird: Das restliche Bier einfüllen und das Huhn gemäß Anweisungen des Herstellers positionieren.

6 Die Flügel hinter dem Rücken feststecken.

7 Den Grill für indirektes Grillen einrichten (siehe S. 19 für Holzkohle und Gas) und auf mittlere Temperatur (160–180 °C) vorheizen. Beim Holzkohlegrill eine große Fettpfanne in die Mitte stellen. Beim Gasgrill die Chunks oder Chips in die Smokebox oder in eine Räuchertasche (siehe S. 20) legen und bei starker Temperatur vorheizen, bis sich Rauch bildet, dann die Temperatur im Garraum auf 160–180 °C reduzieren.

8 Sobald es losgehen kann: Beim Holzkohlegrill das Holz zum Smoken auf die Kohlen geben und das Huhn in die Mitte des heißen Grillrostes über die Fettpfanne stellen. Den Grill schließen und das Huhn etwa 2 Stunden grillen, bis die Haut außen schön gebräunt und sehr knusprig ist. Das Fleisch ist gar, wenn das Kernthermometer am dicksten Teil der Keule, ohne den Knochen zu berühren, eine Kerntemperatur von 82 °C anzeigt (siehe S. 30 für andere Möglichkeiten zur Überprüfung des Garzustandes). Der Holzkohlegrill benötigt nach 1 Stunde 12 frische Kohlen pro Seite. Wird das Huhn zu braun, locker mit Alufolie abdecken.

Tipp!

Ein Roaster ist in den USA größer als ein gewöhnliches Huhn, deshalb benötigen Sie eine größere Bierdose mit 500 ml. Natürlich können Sie auch ein normales Hühnchen einlegen und grillen, allerdings sollte die Einlegezeit dann auf 6 Stunden reduziert werden. Das Wichtigste ist, beim Einlegen nicht zu übertreiben, ansonsten wird das Fleisch zu salzig und bekommt einen chemischen Beigeschmack.

9 Wenn auf der Bierdose gegrillt wird: Das Huhn mit einer Grillzange vorsichtig an der Dose anfassen und aufrecht auf einen Servierteller stellen.

Wenn auf einem Hühnersitz gegrillt wird: Das Huhn mithilfe von feuerfesten Handschuhen mit dem Hühnersitz aus dem Grill holen.

10 Präsentation Ihres Meisterwerkes: Das Huhn 5 Minuten ruhen lassen und dann vorsichtig die Bierdose entfernen, ohne das kochend heiße Bier zu verschütten! Das Huhn halbieren, vierteln oder anderweitig aufschneiden und mit der Barbecuesauce Ihrer Wahl servieren.

Ergibt 6–8 Portionen

GESMOKTE HÜHNERBRÜHE

Hühnerbrühe ist eine der Säulen großer Kochkunst. Fragen Sie einen beliebigen französischen, italienischen oder chinesischen Chefkoch. Für einige Rezepte in diesem Buch benötigen Sie Hühnerbrühe; Sie könnten zwar Fertigbrühe verwenden, aber Pitmaster, die etwas auf sich halten, kochen ihre eigene. Warum? Weil gekaufte Brühe meist viel zu salzig ist. Und wenn Sie Ihre eigene Brühe kochen, können Sie ein selbst gesmoktes Huhn als Grundlage nehmen. Die daraus resultierende Brühe ist so intensiv und aromatisch, dass jeder französische Meister vor Neid erblassen würde. Sie können das Huhn auf einer Bierdose oder Hühnerteile direkt auf dem Rost smoken. Zudem müssen Sie den Grill nicht einmal extra anheizen. Smoken Sie das Fleisch für die Brühe einfach mit, während Sie ein anderes Rezept aus diesem Buch zubereiten und verwenden Sie es dann später.

1 Huhn (ca. 1 ½ kg) oder 1 kg Hühnerteile (Rücken, Hälse, Flügel etc.)
5 Zweige frische Petersilie
5 schwarze Pfefferkörner
2 Lorbeerblätter
2 Zweige frischer Thymian oder 1 TL getrockneter Thymian
1 Nelke
1 mittelgroße Zwiebel, geviertelt
1 große Karotte, in 2 cm großen Stücken
2 Selleriestangen, in 2 cm großen Stücken
4 Knoblauchzehen, halbiert
2 ½–3 l (oder mehr) kaltes Wasser

Sie benötigen weiterhin:
2 Tassen Chunks oder Chips (am besten Hickory oder Eiche),
1 Stunde in Wasser eingeweicht und abgegossen
1 Seihtuch (15 x 15 cm) und Küchengarn (optional)

1 Das Paket mit den Innereien aus dem Huhn nehmen und beiseite legen. Überschüssiges Fett in den Körperöffnungen entfernen. Das Huhn unter fließend kaltem Wasser abspülen und innen und außen mit einem Papiertuch trocken tupfen.

2 Den Grill für indirektes Grillen einrichten (siehe S. 19 für Holzkohle und Gas) und auf mittlere Temperatur (160–180 °C) vorheizen. Beim Holzkohlegrill eine große Fettpfanne in die Mitte stellen. Beim Gasgrill die Chunks oder Chips in die Smokebox oder in eine Räuchertasche (siehe S. 20) legen und bei starker Temperatur vorheizen, bis sich Rauch bildet, dann die Temperatur im Garraum auf 160–180 °C reduzieren.

3 Sobald es losgehen kann: Beim Holzkohlegrill das Holz zum Smoken auf die Kohlen geben und das Huhn in die Mitte des heißen Grillrostes über die Fettpfanne legen. Den Grill schließen und das Huhn 1 ¼–1 ½ Stunden grillen, bis die Haut außen schön gebräunt und sehr knusprig ist. Das Fleisch ist gar, wenn das Kernthermometer am dicksten Teil der Keule, ohne den Knochen zu berühren, eine Kerntemperatur von 82 °C anzeigt (siehe S. 30 für andere Möglichkeiten zur Überprüfung des Garzustandes). Der Holzkohlegrill benötigt nach 1 Stunde 12 frische Kohlen pro Seite. Wird das Huhn zu braun, locker mit Alufolie abdecken. Hühnerteile benötigen etwa 45 Minuten. Das Huhn anschließend auf einen Teller legen und abkühlen lassen. Bis zu diesem Punkt kann das Rezept 3 Tage im Voraus zubereitet werden.

4 Zubereitung der Brühe: Die Petersilie, die Pfefferkörner, die Lorbeerblätter, den Thymian und die Nelke in das Seihtuch geben und zubinden. Das Gewürzbündel zusammen mit dem gesmokten Huhn, den Zwiebeln, den Karotten, dem Sellerie und dem Knoblauch in einen großen Topf geben und mit so viel Wasser aufgießen, dass das Wasser ca. 5 cm über dem Huhn steht.

Tipp!

Am besten schmeckt Brühe aus einem ganzen Huhn, Sie können aber auch günstigere Hühnerteile wie Rücken, Hälse oder Flügel verwenden. Sie können zusätzlich die Karkassen von Ihren Bierdosen-Hühnern aufheben und in einem Zip-Lock-Beutel bis zur Verwendung einfrieren. Für Brühe benötigen Sie 2 Stück. Sollten Sie es ganz eilig haben, bereiten Sie die Brühe aus einem frischen, nicht gesmokten Huhn zu, das schmeckt auch sehr gut.

5 Bei hoher Temperatur aufkochen lassen und dabei Fettaugen und Schaum abschöpfen. Sobald das Ganze kocht, die Temperatur reduzieren und mindestens 1 Stunde köcheln lassen, bis die Brühe richtig aromatisch ist. Immer wieder Fett und Schaum abschöpfen (am besten geht das, nachdem kaltes Wasser dazugegeben wurde). Wird die Brühe aus einem rohen Huhn oder Hühnerteilen zubereitet, so lange kochen, bis das Huhn gar ist (ca. 1 Stunde).

6 Ein Sieb mit Papiertüchern auslegen und über eine große Schüssel hängen. Das Huhn auf einen Teller legen (siehe Hinweis) und die Brühe in die Schüssel abseihen. Die Papiertücher nach Bedarf wechseln. Anschließend auf Raumtemperatur abkühlen lassen und dann kalt stellen. Das fest gewordene Fett an der Oberfläche abschöpfen. Ich friere Brühe gerne in 250–500 ml großen Behältern ein, sodass ich immer die benötigte Menge zur Hand habe. Die Brühe hält sich etwa 3 Monate.

Ergibt ca. 2 l

Hinweis

Da das Huhn gegrillt und ausgekocht wurde, hat es kaum noch Geschmack. Sollte es Ihnen dennoch schwer fallen, das ausgelaugte Fleisch wegzuwerfen, können Sie es zerkleinern und z. B. im Salat verwenden.

COUSIN ROBS CAJUN-HÜHNCHEN

Ich möchte Ihnen meinen Cousin Rob Raichlen vorstellen, Sportpublizist, erfahrener Grillmeister und ein supernetter Kerl. Rob lernte die Zubereitung von Bierdosen-Hühnchen von einem College-Mitbewohner aus Louisiana (deshalb die Cajungewürze). Was die Old-Bay-Gewürzmischung angeht, nun, unsere Familie kommt aus Baltimore – dem Ort, an dem sie erfunden wurde. Wenn Sie beides mischen, erhalten Sie ein Bierdosen-Huhn, das Sie sowohl mit den Aromen Louisianas als auch denen der Chesapeake Bay belohnt.

Weitere Vorbereitung:
45 Minuten für das Marinieren einplanen

Rub:

1 ½ EL Cajun-Mischung (Rezept folgt)
1 ½ EL Old Bay Seasoning (erhältlich im Onlinehandel)

Huhn:

1 Dose (0,33 l) Bier
1 TL Flüssigrauch
1 Huhn (1 ¾–2 kg)
2 TL Pflanzenöl

Sie benötigen weiterhin:

2 Tassen Chunks oder Chips (am besten Hickory oder Kirsche), 1 Stunde in Wasser und/oder Bier eingeweicht und abgegossen
1 saubere, leere 0,33-l-Dose oder einen Hühnersitz (optional)

1 Zubereitung des Rubs: Das Cajun- und die Old-Bay-Gewürzmischungen in eine Schüssel geben und mischen.

2 Die Bierdose öffnen und die Hälfte des Getränks entweder zum Einweichen der Holzchips nutzen oder für später aufbewahren. Wird das Huhn auf der Dose gegrillt, 2 weitere Löcher in den Deckel stechen. Anschließend den Flüssigrauch hineingießen. Keine Sorge, falls das Bier zu schäumen beginnt – das ist ganz normal. Mit einem Essstäbchen oder einem Holzspieß den Flüssigrauch und das Bier verrühren.

3 Das Paket mit den Innereien aus dem Huhn nehmen und beiseite legen. Überschüssiges Fett in den Körperöffnungen entfernen. Das Huhn unter fließend kaltem Wasser abspülen und innen und außen mit einem Papiertuch trocken tupfen. Das Huhn in eine große Schüssel oder in einen wiederverschließbaren Plastikbeutel legen und die Hälfte der Bier-Flüssigrauchmischung darüber gießen. Zugedeckt im Kühlschrank

Tipp!

Falls Sie keine Zeit haben, Ihre eigene Cajun-Mischung herzustellen, können Sie auch eine Mischung aus dem Supermarkt nehmen, die für dieses Rezept genauso ausreicht.

HEINEKEN BEER
Heineken
HORS CONCOURS
TRADE

45 Minuten marinieren lassen und dabei wenden. Darauf achten, dass jede Brustseite und der Rücken mindestens 15 Minuten in der Flüssigkeit lagen. Die Bierdose mit der restlichen Flüssigkeit beiseite stellen.

4 Das Huhn aus der Marinade nehmen und trocken tupfen. Die Flüssigkeit weggießen. Nun 2 TL Rub in die große Körperhöhle und1 TL Rub in die Halsöffnung streuen. Die Haut rundherum dünn einölen, mit 1 EL Rub bestreuen und leicht einmassieren. Den restlichen Rub in die offene Bierdose streuen.

5 Wenn auf der Bierdose gegrillt wird: Das Huhn senkrecht halten und vorsichtig auf die Bierdose stecken. Die Keulen anschließend nach vorne ziehen, sodass das Ganze eine Art Dreifuß bildet und das Huhn aufrecht stehen bleibt.

Wenn auf einem Hühnersitz gegrillt wird: Die Biermischung einfüllen und das Huhn gemäß Anweisungen des Herstellers positionieren.

6 Die Flügel hinter dem Rücken feststecken.

7 Den Grill für indirektes Grillen einrichten (siehe S. 19 für Holzkohle und Gas) und auf mittlere Temperatur (160–180 °C) vorheizen. Beim Holzkohlegrill eine große Fettpfanne in die Mitte stellen. Beim Gasgrill die Chunks oder Chips in die Smokebox oder in eine Räuchertasche (siehe S. 20) legen und bei starker Temperatur vorheizen, bis sich Rauch bildet, dann die Temperatur im Garraum auf 160–180 °C reduzieren.

8 Sobald es losgehen kann: Beim Holzkohlegrill das Holz zum Smoken auf die Kohlen geben und das Huhn in die Mitte des heißen Grillrostes über die Fettpfanne stellen. Den Grill schließen und das Huhn 1 ¼–1 ½ Stunden grillen, bis die Haut außen schön gebräunt und sehr knusprig ist. Das Fleisch ist gar, wenn das Kernthermometer am dicksten Teil der Keule, ohne den Knochen zu berühren, eine Kerntemperatur von 82 °C anzeigt (siehe S. 30 für andere Möglichkeiten zur Überprüfung des Garzustandes). Der Holzkohlegrill benötigt nach 1 Stunde 12 frische Kohlen pro Seite. Wird das Huhn zu braun, locker mit Alufolie abdecken.

9 Wenn auf der Bierdose gegrillt wird: Das Huhn mit einer Grillzange vorsichtig an der Dose anfassen und aufrecht auf einen Servierteller stellen.

Wenn auf einem Hühnersitz gegrillt wird: Das Huhn mithilfe von feuerfesten Handschuhen mit dem Hühnersitz aus dem Grill holen.

10 Präsentation Ihres Meisterwerkes: Das Huhn 5 Minuten ruhen lassen und dann vorsichtig die Bierdose entfernen, ohne das kochend heiße Bier zu verschütten! Das Huhn halbieren, vierteln oder anderweitig aufschneiden und servieren.

Ergibt 2–4 Portionen

French Quarter in New Orleans

CAJUN-MISCHUNG

Auf diese würzige Mischung greife ich immer wieder gerne zurück. Tragen Sie die Mischung 30 Minuten vor dem Grillen auf. Es passt zu fast jedem Fisch bzw. zu Meeresfrüchten allgemein und zu fast jedem Fleisch – fantastisch!

60 g Meersalz
2 EL Knoblauchpulver
2 EL Zwiebelpulver
2 EL getrockneter Thymian
2 TL getrockneter Oregano
2 EL Paprikapulver, edelsüß
1 EL schwarzer Pfeffer, frisch gemahlen
1 EL weißer Pfeffer, frisch gemahlen
1–3 TL Cayennepfeffer (nach Geschmack)

Alle Zutaten in ein Schraubglas geben und kräftig schütteln. Kühl und dunkel gelagert hält sich die Mischung mindestens 6 Monate.

Ergibt ca. 250 g

BIERDOSEN-TANDOORI

60 ml Zitronensaft, frisch gepresst

1 TL Meersalz

1 Huhn (1 ¾–2 kg)

Marinade:

2 Knoblauchzehen, gehackt

1 EL frischer Ingwer, geschält und fein gehackt

1 TL Meersalz

170 ml Vollmilchjoghurt

80 ml Senf- oder Pflanzenöl (siehe Hinweis)

2 TL Brauner Senf (Brassica juncea), falls Sie kein Senföl finden können

1 EL Zitronensaft, frisch gepresst

1 TL Kreuzkümmelpulver

½ TL Muskatblüten, frisch gemahlen

½ TL Muskatnuss, gemahlen

½ TL Kardamompulver

½ TL Kurkumapulver

½ TL Cayennepfeffer

½ TL schwarzer Pfeffer, frisch gemahlen

½ TL rote Lebensmittelfarbe (optional; Inder mögen ihr Hühnchen sehr rot)

Garen und Servieren:

1 Dose (0,33 l) Bier oder 200 ml indisches Flaschenbier

½ rote Zwiebel, dünn geschnitten

30 g frischer Koriander, gehackt

1 Zitrone, geviertelt, Kerne entfernt

Sie benötigen weiterhin:

1 saubere, leere 0,33-l-Dose oder einen Hühnersitz (optional)

Manchmal stellen sich Dinge erst im Nachhinein als Glücksfall heraus. Als Meena Patel ihren Job als Schmuckeinkäuferin für ein Kaufhaus verlor, den sie zuvor acht Jahre ausgeübt hatte, wandte sie sich einem Traum zu, den sie seit Kindertagen hegte: die Eröffnung eines Restaurants. Und zu meinem großen Glück eröffnete sie das *Anokha* in meinem Wohnort, Miami, Florida. Die in Indore, im zentralindischen Bundesstaat Madhya Pradesh geborene Meena ist eine dieser einzigartigen Köche, die aus alltäglichen Gerichten durch die Zugabe ungewöhnlicher Zutaten fantastische Köstlichkeiten zaubern können. Nehmen wir ihr Tandoori-Hühnchen, ein gegrilltes Huhn, das in einer explosiven Mischung aus Joghurt, Zitronensaft, Ingwer, Knoblauch und Gewürzen mariniert wird. Dies sind die klassischen Zutaten, die man in jedem Tandoori-Rezept findet. Meena gibt dem Ganzen aber noch feuriges Senföl hinzu. Wenn Sie noch nie bei Meena gegessen haben, wissen Sie nicht, was echtes Tandoori ist. Inder würden das Huhn in einem Tandur, einem senkrechtem und traditionell mit Holzkohle oder Holz geheiztem Tonbackofen zubereiten. Das Rezept eignet sich aber auch bestens für die Bierdosen-Methode.

Weitere Vorbereitung:
4–12 Stunden für das Marinieren einplanen

1 Den Zitronensaft und das Salz in einer Schüssel oder einem wiederverschließbaren Plastikbeutel mischen.

2 Das Paket mit den Innereien aus dem Huhn nehmen und beiseite legen. Überschüssiges Fett in den Körperöffnungen entfernen. Das Huhn unter fließend kaltem Wasser abspülen und innen und außen mit einem Papiertuch trocken tupfen. Falls gewünscht, die Haut entfernen (siehe Tipp). Dann mit einem scharfen Messer 2 tiefe Schnitte in jedes Bein und 2 in jede Brustseite schneiden; dadurch kann die Marinade besser einziehen.

3 Das Huhn in die Schüssel mit dem Zitronensaft legen und zugedeckt im Kühlschrank 15 Minuten ziehen lassen. Jede Brustseite und der Rücken sollen je 5 Minuten in der Flüssigkeit gelegen haben.

4 Zubereitung der Marinade: Den Knoblauch, den Ingwer und das Salz in eine große Schüssel geben und mit einem Löffelrücken zu einer Paste verreiben. Den Joghurt, das Öl, ggf. den Senf, den Zitronensaft, den Kreuzkümmel, die Muskatblüten, die Muskatnuss, den Kardamom, das Kurkumapulver, den Cayennepfeffer, den schwarzen Pfeffer und ggf. die Lebensmittelfarbe dazugeben und sorgfältig verrühren. Die Mischung über das Hühnchen löffeln. Anschließend zugedeckt mindestens 4 Stunden, besser über Nacht, im Kühlschrank marinieren lassen. Das Huhn mehrmals wenden, damit die Marinade gleichmäßig einziehen kann.

Hinweis

Soll es ganz authentisch sein, müssten Sie dieses Hühnchen mit Senföl zubereiten. Das bekommen Sie z. B. in Asialäden. Sollten Sie keins finden, verwenden Sie Pflanzenöl und fügen dem ggf. 2 TL Braunen Senf hinzu.

5 Kommt das Bier aus der Dose: Bierdose öffnen und die Hälfte des Getränks ausgießen und für später aufbewahren. 2 weitere Löcher in den Deckel der Dose stechen.

Kommt das Bier aus der Flasche: Eine leere Bierdose zur Hälfte mit dem Bier füllen bzw. dieses in den Hühnersitz gießen und weiter den Anweisungen des Herstellers folgen.

6 Die halbvolle Bierdose bzw. den Hühnersitz beiseite stellen.

7 Das Huhn aus der Marinade nehmen und diese weggießen.

8 Wenn auf der Bierdose gegrillt wird: Das Huhn senkrecht halten und vorsichtig auf die Bierdose setzen. Die Keulen anschließend nach vorne ziehen, sodass das Ganze eine Art Dreifuß bildet und das Huhn aufrecht stehen bleibt.

Wenn auf einem Hühnersitz gegrillt wird: Die Biermischung einfüllen und das Huhn gemäß Anweisungen des Herstellers positionieren.

Tipp!

Kingfisher ist das berühmteste Bier Indiens. Man bekommt es nur in Flaschen, aber Sie können es ja in eine leere Dose oder in einen Hühnersitz umfüllen.

9 Die Flügel hinter dem Rücken feststecken.

10 Den Grill für indirektes Grillen einrichten (siehe S. 19 für Holzkohle und Gas) und auf mittlere Temperatur (160–180 °C) vorheizen. Beim Holzkohlegrill eine große Fettpfanne in die Mitte stellen.

11 Sobald es losgehen kann: Das Huhn in die Mitte des heißen Grillrostes über die Fettpfanne stellen. Den Grill schließen und das Huhn 1 ¼–1 ½ Stunden grillen, bis die Haut außen schön gebräunt und sehr knusprig ist. Das Fleisch ist gar, wenn das Kernthermometer am dicksten Teil der Keule, ohne den Knochen zu berühren, eine Kerntemperatur von 82 °C anzeigt (siehe S. 30 für andere Möglichkeiten zur Überprüfung des Garzustandes). Der Holzkohlegrill benötigt nach 1 Stunde 12 frische Kohlen pro Seite. Wird das Huhn zu braun, locker mit Alufolie abdecken.

12 Wenn auf der Bierdose gegrillt wird: Das Huhn mit einer Grillzange vorsichtig an der Dose anfassen und aufrecht auf einen Servierteller stellen.

Wenn auf einem Hühnersitz gegrillt wird: Das Huhn mithilfe von feuerfesten Handschuhen mit dem Hühnersitz aus dem Grill holen.

13 Präsentation Ihres Meisterwerkes: Das Huhn 5 Minuten ruhen lassen und dann vorsichtig die Bierdose entfernen, ohne das kochend heiße Bier zu verschütten! Das Huhn halbieren, vierteln oder anderweitig aufschneiden und servieren. Die geschnittene Zwiebel und den Koriander jeweils in kleine Schälchen geben und zusammen mit den Zitronenvierteln servieren. So kann sich jeder sein Fleischstück verfeinern wie er mag.

Ergibt 2–4 Portionen

Ein traditioneller Tandur

Tipp!

Inder häuten das Huhn stets vor dem Grillen – zum einen zieht dadurch die Marinade besser ein, zum anderen verbrennt die Haut in der starken Hitze des Tandurs sehr schnell. Falls Ihnen das zu umständlich ist, können Sie diesen Schritt auslassen.

BEIJING-HUHN

Aromatisiertes Bier:

1 Dose (0,33 l) Bier, am besten ein asiatisches, oder Flaschenbier
2 EL Sojasauce
2 EL chinesischer Reiswein oder trockener Sherry
2 EL Honig
3 EL dunkles Sesamöl
1 Stück Sternanis
1 Zimtstange (8 cm)
2 Frühlingszwiebeln, geputzt, weißer Teil in 2 cm Stücke geschnitten, grüner Teil fein gehackt
1 Stück frischer Ingwer (3 cm dick), geschält und zerdrückt
1 Knoblauchzehe, zerdrückt

Huhn und Rub:

1 EL Meersalz
1 EL Zucker
2 TL Fünf-Gewürze-Pulver
1 TL schwarzer Pfeffer, frisch gemahlen
1 Huhn (1 ¾–2 kg)

Sie benötigen weiterhin:

2 Tassen Chunks oder Chips (am besten Hickory oder Kirsche), 1 Stunde in Wasser und/oder Bier eingeweicht und abgegossen
1 saubere, leere 0,33-l-Dose oder einen Hühnersitz (optional)

Warum sollten immer nur Amerikaner den ganzen Spaß haben? Im Fernen Osten gibt es einige fantastische Biersorten (ich mag das chinesische Tsingtao) und die meisten Asiaten lieben gegrilltes Hühnchen. Zusammen genommen erhält man ein Huhn, wie man es in der Barbecueszene der Vereinigten Staaten noch nicht gesehen hat.

1 150 ml Bier in eine Schüssel gießen. Das restliche Bier ggf. über die Holzchips gießen oder für später aufbewahren. Die Sojasauce, den Reiswein, den Honig und 1 TL Sesamöl dazugeben und vorsichtig verrühren.

2 Wenn auf der Bierdose gegrillt wird: In den Deckel der Dose 2 weitere Löcher stechen und das aromatisierte Bier mit einem Trichter wieder einfüllen.

3 Den Sternanis (muss ggf. zerbrochen werden), die Zimtstange, die Frühlingszwiebelstücke, den Ingwer und den Knoblauch mit in die Dose geben; bzw. im Falle eines Hühnersitzes in eine Schüssel geben. Das aromatisierte Bier beiseite stellen.

4 Zubereitung des Rubs: Das Salz, den Zucker, das Fünf-Gewürze-Pulver und den Pfeffer in einer kleinen Schüssel mischen.

Tipp!

Bei diesem Rezept sind zwei Aromen unerlässlich: Sternanis und chinesisches Fünf-Gewürze-Pulver. Sternanis ist ein sternförmiges Gewürz mit rauchigem, an Lakritz erinnerndem Geschmack. Das Fünf-Gewürze-Pulver besteht aus 4–7 Gewürzen, z. B. Zimt, Nelken, Fenchelsamen, weißer Pfeffer, Szechuan-Peffer und Sternanis. Beides erhalten Sie in Asialäden.

SINCE 1903
TSINGTAO
BIERE · BEER · CERVEZA
青島啤酒
電子郵箱 info@xinbao.de
17
文学天地
连载之一
母亲的心愿
1，女大当嫁
2001.04.
长篇连载：
《德国婆婆

5 Das Paket mit den Innereien aus dem Huhn nehmen und beiseite legen. Überschüssiges Fett in den Körperöffnungen entfernen. Das Huhn unter fließend kaltem Wasser abspülen und innen und außen mit einem Papiertuch trocken tupfen. Nun 1 TL Rub in die große Körperhöhle und ½ TL Rub in die Halsöffnung streuen. Das gesamte Huhn außen dünn mit den restlichen 2 TL Sesamöl beträufeln und einreiben. Mit 1 EL Rub bestreuen und diesen leicht einmassieren. Den restlichen Rub in die offene Bierdose streuen.

6 Wenn auf der Bierdose gegrillt wird: Das Huhn senkrecht halten und vorsichtig auf die Bierdose setzen. Die Keulen anschließend nach vorne ziehen, sodass das Ganze eine Art Dreifuß bildet und das Huhn aufrecht stehen bleibt.

Wenn auf einem Hühnersitz gegrillt wird: Die Biermischung einfüllen und das Huhn gemäß Anweisungen des Herstellers positionieren.

7 Die Flügel hinter dem Rücken feststecken.

8 Den Grill für indirektes Grillen einrichten (siehe S. 19 für Holzkohle und Gas) und auf mittlere Temperatur (160–180 °C) vorheizen. Beim Holzkohlegrill eine große Fettpfanne in die Mitte stellen. Beim Gasgrill die Chunks oder Chips in die Smokebox oder in eine Räuchertasche (siehe S. 20) legen und bei starker Hitze vorheizen, bis sich Rauch bildet, dann die Temperatur im Garraum auf 160–180 °C reduzieren.

9 Sobald es losgehen kann: Beim Holzkohlegrill das Holz zum Smoken auf die Kohlen geben und das Huhn in die Mitte des heißen Grillrostes über die Fettpfanne stellen. Den Grill schließen und das Huhn 1 ¼–1 ½ Stunden grillen, bis die Haut außen schön gebräunt und sehr knusprig ist. Das Fleisch ist gar, wenn das Kernthermometer am dicksten Teil der Keule, ohne den Knochen zu berühren, eine Kerntemperatur von 82 °C anzeigt (siehe S. 30 für andere Möglichkeiten zur Überprüfung des Garzustandes). Der Holzkohlegrill benötigt nach 1 Stunde 12 frische Kohlen pro Seite. Wird das Huhn zu braun, locker mit Alufolie abdecken.

Die „Verbotene Stadt" in Beijing (Peking)

10 Wenn auf der Bierdose gegrillt wird: Das Huhn mit einer Grillzange vorsichtig an der Dose anfassen und aufrecht auf einen Servierteller stellen.

Wenn auf einem Hühnersitz gegrillt wird: Das Huhn mithilfe von feuerfesten Handschuhen mit dem Hühnersitz aus dem Grill holen.

11 Präsentation Ihres Meisterwerkes: Das Huhn 5 Minuten ruhen lassen und dann vorsichtig die Bierdose entfernen, ohne das kochend heiße Bier zu verschütten! Das Huhn halbieren, vierteln oder anderweitig aufschneiden und servieren.

Ergibt 2-4 Portionen

HÜHNCHEN AQUAVIT

Skandinavien und Barbecue? Das ist nicht unbedingt das Erste, was einem in den Sinn kommt. Für dieses Rezept war jedoch ein klassisches skandinavisches Gericht die Inspiration – Graved Lachs. Der gebeizte Lachs verdankt seine Anziehungskraft einer Beize aus Salz, Zucker und Dill. Für mich klingt das nach einem Barbecuerub und wie sich herausstellte, eignet er sich hervorragend für Hühnchen. Zur Vervollständigung füge ich dem Ganzen noch einen Schuss Aquavit hinzu, einem typisch skandinavischen Schnaps. Das Ergebnis ist ein Grillhuhn voll nordischer Aromen. Skål!

1 Dose (0,33 l) Bier
2 EL Aquavit
2 Zweige frischer Dill (optional)
2 EL getrockneter Dill
1 EL Meersalz
1 EL heller Rohrzucker
1 TL Senfpulver
1 TL Knoblauchpulver
1 TL schwarzer Pfeffer, frisch gemahlen
1 Huhn (1 ¾–2 kg)
2 TL Olivenöl
cremige Senf-Dillsauce (Rezept folgt)

Sie benötigen weiterhin:

2 Tassen Chunks oder Chips (optional, am besten Hickory oder Kirsche), 1 Stunde in Wasser und/oder Bier eingeweicht und abgegossen
1 saubere, leere 0,33-l-Dose oder einen Hühnersitz (optional)

1 Die Bierdose öffnen und die Hälfte des Getränks entweder zum Einweichen der Holzchips nutzen oder für später aufbewahren. Wenn auf der Bierdose gegrillt wird, 2 weitere Löcher in den Deckel der Dose stechen. Mit einem Trichter den Aquavit in die Dose füllen und ggf. die Dillzweige hineinstecken.

2 Zubereitung des Rubs: Den getrockneten Dill, das Salz, den Zucker, das Senfpulver, das Knoblauchpulver und den Pfeffer in einer kleinen Schüssel mischen.

3 Das Paket mit den Innereien aus dem Huhn nehmen und beiseite legen. Überschüssiges Fett in den Körperöffnungen entfernen. Das Huhn unter fließend kaltem Wasser abspülen und innen und außen mit einem Papiertuch trocken tupfen. Nun die Hälfte des Rubs in die große Körperhöhle und die Halsöffnung streuen. Die Haut rundherum dünn einölen, mit dem restlichen Rub bestreuen und leicht einmassieren.

Tipp!

Da Graved Lachs gebeizt und nicht geräuchert wird, ist das Holz diesmal optional.

4 Wenn auf der Bierdose gegrillt wird: Das Huhn senkrecht halten und vorsichtig auf die Bierdose setzen. Die Keulen anschließend nach vorne ziehen, sodass das Ganze eine Art Dreifuß bildet und das Huhn aufrecht stehen bleibt.

Wenn auf einem Hühnersitz gegrillt wird: Die Biermischung einfüllen und das Huhn gemäß Anweisungen des Herstellers positionieren.

5 Die Flügel hinter dem Rücken feststecken.

6 Den Grill für indirektes Grillen einrichten (siehe S. 19 für Holzkohle und Gas) und auf mittlere Temperatur (160–180 °C) vorheizen. Beim Holzkohlegrill eine große Fettpfanne in die Mitte stellen. Beim Gasgrill ggf. die Chunks oder Chips in die Smokebox oder in eine Räuchertasche (siehe S. 20) legen und bei starker Hitze vorheizen, bis sich Rauch bildet, dann die Temperatur im Garraum auf 160–180 °C reduzieren (das Smoken ist hier optional, das Huhn bekommt aber einen intensiveren Geschmack).

7 Sobald es losgehen kann: Beim Holzkohlegrill ggf. das Holz zum Smoken auf die Kohlen geben und das Huhn in die Mitte des heißen Grillrostes über die Fettpfanne stellen. Den Grill schließen und das Huhn 1 ¼–1 ½ Stunden grillen, bis die Haut außen schön gebräunt und sehr knusprig ist. Das Fleisch ist gar, wenn das Kernthermometer am dicksten Teil der Keule, ohne den Knochen zu berühren, eine Kerntemperatur von 82 °C anzeigt (siehe S. 30 für andere Möglichkeiten zur Überprüfung des Garzustandes). Der Holzkohlegrill benötigt nach 1 Stunde 12 frische Kohlen pro Seite. Wird das Huhn zu braun, locker mit Alufolie abdecken.

8 Wenn auf der Bierdose gegrillt wird: Das Huhn mit einer Grillzange vorsichtig an der Dose anfassen und aufrecht auf einen Servierteller stellen.

Wenn auf einem Hühnersitz gegrillt wird: Das Huhn mithilfe von feuerfesten Handschuhen mit dem Hühnersitz aus dem Grill holen.

9 Präsentation Ihres Meisterwerkes: Das Huhn 5 Minuten ruhen lassen und dann vorsichtig die Bierdose entfernen, ohne das kochend heiße Bier zu verschütten! Das Huhn halbieren, vierteln oder anderweitig aufschneiden und mit der Senf-Dillsauce servieren. Ein eiskalter Aquavit, serviert in einem ebenso eiskalten Glas, passt perfekt zu diesem Gericht.

Ergibt 2-4 Portionen

CREMIGE SENF-DILLSAUCE

Diese schnell gemachte, pikante Sauce passt wunderbar zu gegrilltem Huhn, aber auch, wie Sie sich vielleicht denken können, zu gesmoktem oder gegrilltem Fisch und Meeresfrüchten.

1 EL Senfpulver
1 EL (oder mehr) Zitronensaft, frisch gepresst
170 ml Mayonnaise
80 ml Sour Cream
60 ml körniger Senf, z. B. Meaux
2 EL frischer Dill, gehackt
1 TL heller Rohrzucker oder Kristallzucker
Meersalz und frisch gemahlener schwarzer Pfeffer

1 Das Senfpulver und den Zitronensaft in einer Schüssel zu einer glatten Paste verrühren und 3 Minuten ruhen lassen.

2 Die Mayonnaise, die Sour Cream, den Senf, den Dill und den Zucker unterrühren. Mit Salz, Pfeffer und ggf. mehr Zitronensaft abschmecken. Zugedeckt im Kühlschrank aufbewahrt hält sich die Sauce 1 Tag. Vor der Verwendung auf Raumtemperatur erwärmen.

Ergibt ca. 300 ml

LACKIERTES SAIGON-HÜHNCHEN

Erwähnen Sie einem Vietnamesen gegenüber einmal *Poulet laqué* („Lackiertes Huhn“) und ihm wird das Wasser im Mund zusammenlaufen. Richtig zubereitet hat das Hühnchen eine wunderbar knusprige, mahagonifarbene Haut, die wie asiatischer Lack glänzt. Erzielt wird der Effekt durch das Marinieren in einer aromatischen Mischung aus Sojasauce, Sesamöl, Wein und dem Braten im heißen Ofen. Kurz gesagt, eine Zubereitung, die sich ideal für die Bierdose eignet. Das einzig Herausfordernde ist, die Marinierzeit einzuplanen.

Marinade:

60 ml Sojasauce
3 EL Reiswein oder trockener Weißwein
1 EL dunkles Sesamöl
2 Knoblauchzehen, gehackt
½ TL Korianderpulver
¼ TL Fünf-Gewürze-Pulver
¼ TL Zimt

1 Huhn (1 ¾–2 kg)
1 Knoblauchzehe, leicht zerdrückt
1 Scheibe frischer Ingwer (½ cm dick), leicht zerdrückt
1 Dose (0,33 l) Bier
scharfe Erdnusssauce (Rezept folgt)

Sie benötigen weiterhin:

2 Tassen Chunks oder Chips (optional, am besten Hickory oder Kirsche), 1 Stunde in Wasser und/oder Bier eingeweicht und abgegossen
1 saubere, leere 0,33-l-Dose oder einen Hühnersitz (optional)

Weitere Vorbereitung:

12–24 Stunden für das Marinieren einplanen.

1 Zubereitung der Marinade: Die Sojasauce, den Reiswein, das Sesamöl, den Knoblauch, das Korianderpulver, das Fünf-Gewürze-Pulver und den Zimt in einer großen Schüssel mischen.

2 Das Paket mit den Innereien aus dem Huhn nehmen und beiseite legen. Überschüssiges Fett in den Körperöffnungen entfernen. Das Huhn unter fließend kaltem Wasser abspülen und innen und außen mit einem Papiertuch trocken tupfen. Den Knoblauch und den Ingwer in die Körperhöhle des Huhns legen. Den Vogel anschließend in die Schüssel zu der Marinade geben oder alles in einen großen, wiederverschließbaren Plastikbeutel füllen. Zugedeckt im Kühlschrank 12–24 Stunden marinieren lassen und dabei mehrfach wenden.

3 Die Bierdose öffnen und die Hälfte des Getränks entweder zum Einweichen der Holzchips nutzen oder für später aufbewahren. Wird auf der Dose gegrillt, 2 weitere Löcher in den Deckel stechen. Die Dose dann beiseite stellen.

4 Das Huhn aus der Marinade nehmen.

5 Wenn auf der Bierdose gegrillt wird: Das Huhn senkrecht halten und vorsichtig auf die Bierdose setzen. Die Keulen anschließend nach vorne ziehen, sodass das Ganze eine Art Dreifuß bildet und das Huhn aufrecht stehen bleibt.

Wenn auf einem Hühnersitz gegrillt wird: Das Bier einfüllen und das Huhn gemäß Anweisungen des Herstellers positionieren.

6 Die Flügel hinter dem Rücken feststecken.

7 Den Grill für indirektes Grillen einrichten (siehe S. 19 für Holzkohle und Gas) und auf mittlere Temperatur (160–180 °C) vorheizen. Beim Holzkohlegrill eine große Fettpfanne in die Mitte stellen. Beim Gasgrill ggf. die Chunks oder Chips in die Smokebox oder in eine Räuchertasche (siehe S. 20) legen und bei starker Hitze vorheizen, bis sich Rauch bildet, dann die Temperatur im Garraum auf 160–180 °C reduzieren.

Tipp!

Smoken ist in Vietnam nicht üblich, deshalb ist das Holz hier optional.

8 Sobald es losgehen kann: Beim Holzkohlegrill ggf. das Holz zum Smoken auf die Kohlen geben und das Huhn in die Mitte des heißen Grillrostes über die Fettpfanne stellen. Den Grill schließen und das Huhn 1 ¼–1 ½ Stunden grillen, bis die Haut außen schön gebräunt und sehr knusprig ist. Das Fleisch ist gar, wenn das Kernthermometer am dicksten Teil der Keule, ohne den Knochen zu berühren, eine Kerntemperatur von 82 °C anzeigt (siehe S. 30 für andere Möglichkeiten zur Überprüfung des Garzustandes). Der Holzkohlegrill benötigt nach 1 Stunde 12 frische Kohlen pro Seite. Wird das Huhn zu braun, locker mit Alufolie abdecken.

9 Wenn auf der Bierdose gegrillt wird: Das Huhn mit einer Grillzange vorsichtig an der Dose anfassen und aufrecht auf einen Servierteller stellen.

Wenn auf einem Hühnersitz gegrillt wird: Das Huhn mithilfe von feuerfesten Handschuhen mit dem Hühnersitz aus dem Grill holen.

10 Präsentation Ihres Meisterwerkes: Das Huhn 5 Minuten ruhen lassen und dann vorsichtig die Bierdose entfernen, ohne das kochend heiße Bier zu verschütten! Das Huhn halbieren, vierteln oder anderweitig aufschneiden und mit der schafen Erdnusssauce servieren.

Ergibt 2–4 Portionen

SCHARFE ERDNUSSSAUCE

Überall in Südostasien sind Erdnusssaucen äußerst beliebt. In diesem Buch finden Sie dafür zwei Rezepte. Dieses ist das einfachere. Es enthält nur wenige Zutaten, die alle aus Gläsern oder Flaschen kommen. Hoisin-Sauce ist eine salzig-süße, violette Sauce aus Sojabohnen, Zucker und Gewürzen. Die süße Thai-Chili-Sauce Nuoc Cham Ga ist sirupartig und nur leicht scharf. Mögen Sie es feuriger, können Sie einen Löffel Tuong Ot Tuoi, eine vietnamesische Chilipaste oder indonesisches Sambal Oelek dazugeben. Beide erhalten Sie im Asialaden. Zugedeckt im Kühlschrank aufbewahrt hält sich die Erdnusssauce theoretisch mehrere Monate, aber glauben Sie mir, sie schmeckt so gut, dass nach einer Woche nichts mehr übrig sein wird.

80 g Erdnussbutter (glatt oder mit Stücken)
90 ml Hoisin-Sauce
2 EL süße Thai-Chilisauce (z. B. Nuoe Cham Ga)
1 EL Vietnamesische oder indonesische Chilipaste (Tuong Ot Tuoi oder Sambal Oelek)
4 EL Wasser

Die Erdnussbutter, die Hoisin-Sauce, die süße Chilisauce, ggf. Chilipaste und 1 EL Wasser in einer kleinen Schüssel verrühren. Bis zu 3 EL Wasser extra hinzufügen, falls die Sauce zu dick sein sollte.

Ergibt ca. 250 ml

TRÜFFEL-HÜHNCHEN

Alba, im norditalienischen Piedmont gelegen, ist die Welthauptstadt der weißen Trüffel (*Tartufo bianco*), eines höchst aromatischen (manche würden sagen „stinkenden“) grau-braunen Pilzes, der unterirdisch wächst. Ihr intensiver Duft und einzigartiger Geschmack machen die weißen Trüffel zu einem der kostbarsten und teuersten Lebensmittel der Welt (aktuell kostet 1 kg über € 5.600,-). Das ist die schlechte Nachricht. Die gute Nachricht ist, dass Sie aber auch nur sehr wenig davon benötigen. Bereits 5–7 g sind vollkommen ausreichend, um eines der himmlischsten Bierdosen-Hühnchen aller Zeiten zuzubereiten. Im Idealfall kaufen Sie eine winzige frische weiße Trüffel. Diese wird dann wirklich hauchdünn aufgeschnitten. Das Rezept mag Ihnen vielleicht ein bisschen extravagant (ok, ganz schön extravagant!) erscheinen, aber die Bierdosen-Methode eignet sich perfekt für das Trüffel-Huhn. Das intensive Trüffelaroma durchdringt das Huhn von innen.

1 Dose (0,33 l) Bier
5–7 g frische weiße Trüffel oder 2 TL Trüffelöl
1 Huhn (1 ¾–2 kg)
Meersalz und frisch gemahlener weißer Pfeffer
2 TL Oliven- oder Trüffelöl
Knoblauch-Trüffelcremesauce (Rezept folgt)

Sie benötigen weiterhin:
1 Trüffelreibe (optional)
1 Hühnersitz (optional)

Hinweis

Bei diesem Rezept wird das Huhn gegrillt, nicht gesmokt, da das Trüffelaroma im Vordergrund stehen soll.

1 Die Bierdose öffnen und die Hälfte des Getränks umfüllen und für später aufbewahren. Wird das Huhn auf der Dose zubereitet, 2 weitere Löcher in den Deckel stechen. Mit einer Trüffelreibe oder einem sehr scharfen Schälmesser 3 hauchdünne Scheiben von der Trüffel abschneiden. Eine Scheibe in die Bierdose geben und beiseite stellen. (Falls Trüffelöl verwendet wird, 1 TL in die Bierdose geben.)

2 Das Paket mit den Innereien aus dem Huhn nehmen und beiseite legen. Überschüssiges Fett in den Körperöffnungen entfernen. Das Huhn unter fließend kaltem Wasser abspülen und innen und außen mit einem Papiertuch trocken tupfen. Innen sehr großzügig mit Salz und Pfeffer würzen und dann 1 Trüffelscheibe in die Körperhöhle und 1 Scheibe in die Halsöffnung legen. (Falls Trüffelöl verwendet wird, ½ TL in der Körperhöhle und ½ TL in der Halsöffnung verteilen.) Die Haut rundherum dünn einölen und großzügig mit Salz und Pfeffer einreiben.

Tipp!

Frische weiße Trüffel erhält man von Oktober bis Dezember in Feinkostläden oder bei spezialisierten Händlern (auch online). Vermutlich bleibt von der Trüffel etwas übrig. Den Rest können Sie in einem Glas mit Arborio-Reis aufbewahren, aus dem Sie später Risotto machen (eine perfekte Beilage zum Trüffel-Huhn). Wollen Sie das Geld lieber nicht investieren, tun es auch einige Tropfen Trüffelöl.

3 Wenn auf der Bierdose gegrillt wird: Das Huhn senkrecht halten und vorsichtig auf die Bierdose stecken. Die Keulen anschließend nach vorne ziehen, sodass das Ganze eine Art Dreifuß bildet und das Huhn aufrecht stehen bleibt.

Wenn auf einem Hühnersitz gegrillt wird: Die Biermischung einfüllen und das Huhn gemäß Anweisungen des Herstellers positionieren.

4 Die Flügel hinter dem Rücken feststecken.

5 Den Grill für indirektes Grillen einrichten (siehe S. 19 für Holzkohle und Gas) und auf mittlere Temperatur (160–180 °C) vorheizen. Beim Holzkohlegrill eine große Fettpfanne in die Mitte stellen.

6 Sobald es losgehen kann: Das Huhn in die Mitte des heißen Grillrostes über die Fettpfanne stellen. Den Grill schließen und das Huhn 1 ¼–1 ½ Stunden grillen, bis die Haut außen schön gebräunt und sehr knusprig ist. Das Fleisch ist gar, wenn das Kernthermometer am dicksten Teil der Keule, ohne den Knochen zu berühren, eine Kerntemperatur von 82 °C anzeigt (siehe S. 30 für andere Möglichkeiten zur Überprüfung des Garzustandes). Der Holzkohlegrill benötigt nach 1 Stunde 12 frische Kohlen pro Seite. Wird das Huhn zu braun, locker mit Alufolie abdecken.

7 Wenn auf der Bierdose gegrillt wird: Das Huhn mit einer Grillzange vorsichtig an der Dose anfassen und aufrecht auf einen Servierteller stellen.

Wenn auf einem Hühnersitz gegrillt wird: Das Huhn mithilfe von feuerfesten Handschuhen mit dem Hühnersitz aus dem Grill holen.

8 Präsentation Ihres Meisterwerkes: Das Huhn 5 Minuten ruhen lassen und dann vorsichtig die Bierdose entfernen, ohne das kochend heiße Bier zu verschütten! Das Huhn halbieren, vierteln oder anderweitig aufschneiden und dazu die Knoblauch-Trüffelcremesauce servieren.

Ergibt 2–4 Portionen

KNOBLAUCH-TRÜFFELCREMESAUCE

Diese einfache Sauce soll das Trüffelaroma betonen. Am besten schmeckt sie mit hausgemachter Hühnerbrühe; es geht aber auch mit salzarmer Fertigbrühe.

- 750 ml ungesalzene, hausgemachte Hühnerbrühe (siehe S. 52) oder salzarme Fertigbrühe
- 1 Knoblauchzehe, nur geschält
- 250 ml (oder mehr) Sahne
- 2–3 hauchdünne Scheiben weiße Trüffel oder ½ TL Trüffelöl
- Meersalz und frisch gemahlener weißer Pfeffer

1 Die Hühnerbrühe und den Knoblauch in einen breiten Topf geben, bei mittlerer Hitze aufkochen und dann 10–15 Minuten auf etwa 250 ml einkochen. Die Sahne und die Trüffelscheiben dazugeben und die Sauce wieder auf 250 ml einkochen (ca. 10 Minuten). Dabei sorgfältig auf die Sauce achten; sobald sich Öltröpfchen bilden, ist die Sauce kurz davor sich zu trennen. Anschließend vom Herd nehmen und mit dem Schneebesen rühren, bis sie etwas abgekühlt ist.

2 Die Knoblauchzehe herausnehmen und wegwerfen. Wird Trüffelöl verwendet, dieses nun unterrühren. Die Sauce mit Salz und Pfeffer abschmecken und in einer flachen Schale mit warmem Wasser warm halten. Durch das Rühren sollte ein Separieren der Sauce verhindert werden. Kommt es doch dazu, noch einige Esslöffel Sahne unterrühren.

Ergibt ca. 250 ml

HÜHNCHEN RETSINA

Lange bevor Winzer damit begannen, Wein in Fässern oder Flaschen zu lagern, wurde er in mit Pinienharz verschlossene Amphoren abgefüllt. Eventuell wurde Harz auch als Konservierungsmittel verwendet. Der Geschmack, den das Harz dem Wein verlieh, ist bis heute in einem einzigartigen griechischen Wein erhalten geblieben, dem Retsina. Zur Herstellung von Retsina wird ein gewöhnlicher Rot- bzw. Weißwein oder ein Rosé mit Harz versetzt, so wie es damals zu Zeiten Homers geschah. Das Harz verleiht dem Wein eine frische, holzige Note, durch die er an heißen Sommertagen sehr erfrischend ist. Retsina passt hervorragend zu gegrilltem Hühnchen, was mich auf die Idee brachte, das Huhn gleich auf einer mit Retsina gefüllten Bierdose zu grillen. Zur Vervollständigung des griechischen Leitmotivs mariniere ich das Huhn in Retsina und Oregano und serviere es mit einer griechischen „Salsa“. Homer weiß gar nicht, was er verpasst hat!

1 Huhn (1 ¾–2 kg)
1 kleine Zwiebel, dünn geschnitten
2 Knoblauchzehen, zerdrückt
2 ½ TL getrockneter Oregano, möglichst griechischen
2 EL Extra Vergines Olivenöl + 2 TL zum Einreiben des Huhns
1 Flasche Retsina
1 EL Meersalz
1 ½ TL getrocknete Minze
1 TL schwarzer Pfeffer, frisch gemahlen
griechische „Salsa“ (Rezept folgt)

Sie benötigen weiterhin:

2 Tassen Chunks oder Chips (am besten Eiche), 1 Stunde in Wasser eingeweicht und abgegossen
1 saubere, leere 0,33-l-Dose oder einen Hühnersitz (optional)

Weitere Vorbereitung:
1–3 Stunden für das Marinieren einplanen

1 Das Paket mit den Innereien aus dem Huhn nehmen und beiseite legen. Überschüssiges Fett in den Körperöffnungen entfernen. Das Huhn unter fließend kaltem Wasser abspülen und innen und außen mit einem Papiertuch trocken tupfen.

2 Die Zwiebel, den Knoblauch, 1 TL Oregano und 2 EL Olivenöl in eine tiefe Schüssel oder einen großen, wiederverschließbaren Plastikbeutel geben. Das Huhn hineinlegen. Etwa 180 ml Retsina reservieren. Den restlichen Wein über das Huhn gießen, sodass es möglichst ganz bedeckt ist. Anschließend zugedeckt im Kühlschrank 1–3 Stunden marinieren lassen und dabei mehrmals wenden.

3 Zubereitung des Rubs: Das Salz, die Minze, den Pfeffer und den Rest des Oreganos in einer kleinen Schale mischen. Das Huhn aus der Marinade nehmen und mit Papiertüchern trocken tupfen. Die Marinade weggießen. 1 TL Rub in die große Körperhöhle und ½ TL Rub in die Halsöffnung streuen. Die Haut rundherum dünn einölen, mit dem restlichen Rub bestreuen und leicht einmassieren.

RETSINA AUS ATTIKA
TRADITIONELLE BEZEICHNUNG
KOURTAKI

4 Wenn auf der Bierdose gegrillt wird: In den Deckel der leeren Dose 2 weitere Löcher stechen und mithilfe eines Trichter die übrigen 180 ml Retsina einfüllen. Das Huhn senkrecht halten und vorsichtig auf die Bierdose setzen. Die Keulen anschließend nach vorne ziehen, sodass das Ganze eine Art Dreifuß bildet und das Huhn aufrecht stehen bleibt.

Wenn auf einem Hühnersitz gegrillt wird: Die übrigen 180 ml Retsina einfüllen und das Huhn gemäß Anweisungen des Herstellers positionieren.

Tipp!

Retsina finden Sie in gut sortierten Spirituosenläden. Es gibt ihn als Rot- oder Weißwein und als Rosé, aber für dieses Rezept eignet sich der weiße am besten, da er das Huhn nicht verfärbt.

5 Die Flügel hinter dem Rücken feststecken.

6 Den Grill für indirektes Grillen einrichten (siehe S. 19 für Holzkohle und Gas) und auf mittlere Temperatur (160–180 °C) vorheizen. Beim Holzkohlegrill eine große Fettpfanne in die Mitte stellen. Beim Gasgrill die Chunks oder Chips in die Smokebox oder in eine Räuchertasche (siehe S. 20) legen und bei starker Hitze vorheizen, bis sich Rauch bildet, dann die Temperatur im Garraum auf 160–180 °C reduzieren.

7 Sobald es losgehen kann: Beim Holzkohlegrill das Holz zum Smoken auf die Kohlen geben und das Huhn in die Mitte des heißen Grillrostes über die Fettpfanne stellen. Den Grill schließen und das Huhn 1 ¼–1 ½ Stunden grillen, bis die Haut außen schön gebräunt und sehr knusprig ist. Das Fleisch ist gar, wenn das Kernthermometer am dicksten Teil der Keule, ohne den Knochen zu berühren, eine Kerntemperatur von 82 °C anzeigt (siehe S. 30 für andere Möglichkeiten zur Überprüfung des Garzustandes). Der Holzkohlegrill benötigt nach 1 Stunde 12 frische Kohlen pro Seite. Wird das Huhn zu braun, locker mit Alufolie abdecken.

8 Wenn auf der Bierdose gegrillt wird: Das Huhn mit einer Grillzange vorsichtig an der Dose anfassen und aufrecht auf einen Servierteller stellen.

Wenn auf einem Hühnersitz gegrillt wird: Das Huhn mithilfe von feuerfesten Handschuhen mit dem Hühnersitz aus dem Grill holen.

9 Präsentation Ihres Meisterwerkes: Das Huhn 5 Minuten ruhen lassen und dann vorsichtig die Bierdose entfernen, ohne den kochend heißen Wein zu verschütten! Das Huhn halbieren, vierteln oder anderweitig aufschneiden und dazu die griechische „Salsa“ und gut gekühlten Retsina servieren.

Ergibt 2-4 Portionen

GRIECHISCHE „SALSA“

Diese Salsa, die nichts weiter ist, als die sehr klein geschnittenen Zutaten eines griechischen Salates, schmeckt köstlich zu gegrilltem Hühnchen. Sie erhalten hier etwas mehr „Salsa“, als Sie tatsächlich benötigen. Reichen Sie die Reste einfach auf geröstetem Brot als Horsd'œuvre oder als Salat.

- 1 Knoblauchzehe, gehackt
- ½ TL (oder mehr) Meersalz
- ½ TL schwarzer Pfeffer, frisch gemahlen
- 1 EL (oder mehr) Rotweinessig
- 2 EL Extra Vergines Olivenöl, am besten griechisches
- 1 Salatgurke
- 1 große oder 2 mittelgroße vollreife Tomaten, fein gewürfelt
- ½ mittelgroße rote Zwiebel, fein gewürfelt
- ½ grüne Paprikaschote, fein gewürfelt
- 40 g Kalamata-Oliven
- 60 g Feta, abgegossen und zerkrümelt

1 Den Knoblauch, das Salz und den Pfeffer in einer Schüssel mit dem Rücken eines Holzlöffels zu einer Paste verreiben. Den Essig dazugeben und rühren, bis sich die Salzkristalle aufgelöst haben, dann das Olivenöl unterrühren.

2 Die Gurke mit einem Gemüseschäler längs schälen, aber ein bisschen Schale als Farbkleckse übrig lassen. Anschließend halbieren, die Kerne mit einem Löffel heraus schaben und die Gurkenhälften fein würfeln. Die Tomate(n) halbieren und die Hälften über der Spüle ausdrücken, um die Samen zu entfernen. Danach fein würfeln.

3 Die Gurken- und die Tomatenwürfel, die Zwiebel, die Paprika, die Oliven und den Feta in die Schüssel geben und vorsichtig mischen.
Nach Bedarf mit weiterem Salz und Essig abschmecken.

Ergibt 2-4 Portionen

SAKE-HÜHNCHEN

Japans weichen, trockenen Reiswein Sake können Sie heiß oder kalt genießen. Obwohl Sake meist als Wein bezeichnet wird, ist es von der Herstellung her, eher eine Art Bier. Mehr musste ich gar nicht wissen, um damit ein Rezept für Bierdosen-Huhn zu entwickeln. In Japan gibt es Sake in Dosen, in den USA und Deutschland bekommt man ihn aber nur in Flaschen, deshalb müssen Sie ihn entsprechend in eine leere, saubere Bierdose oder in einen Hühnersitz umfüllen.

Rub:

2 TL Sesam
2 TL Wasabipulver
2 TL Meersalz
1 TL schwarzer Pfeffer, frisch gemahlen

1 Huhn (1 ¾–2 kg)
2 EL dunkles Sesamöl
180 ml Sake
2 Streifen Zitronenzeste
Limetten-„Teriyaki"-Glaze (Rezept folgt)

Sie benötigen weiterhin:

1 saubere, leere 0,33-l-Dose oder einen Hühnersitz (optional)

Tipp!

Für Sake können Sie genauso viel Geld ausgeben wie für einen edlen Wein oder einen Single Malt Whisky. Für dieses Rezept reicht eine einfachere Variante mit Schraubverschluss jedoch vollkommen aus.

1 Zubereitung des Rubs: Den Sesam, das Wasabipulver, das Salz und den Pfeffer in einer Gewürz- oder Kaffeemühle zu einem feinen Pulver mahlen.

2 Das Paket mit den Innereien aus dem Huhn nehmen und beiseite legen. Überschüssiges Fett in den Körperöffnungen entfernen. Das Huhn unter fließend kaltem Wasser abspülen und innen und außen mit einem Papiertuch trocken tupfen. Nun die Hälfte des Rubs in die große Körperhöhle und die Halsöffnung streuen. Das gesamte Huhn außen dünn mit 1 EL Sesamöl einölen, mit dem restlichen Rub bestreuen und leicht einmassieren.

3 Wenn auf der Bierdose gegrillt wird: In den Deckel der leeren Dose 2 weitere Löcher stechen, mithilfe eines Trichters den Sake einfüllen und die Zitronenzesten hineingeben. Das Huhn senkrecht halten und vorsichtig auf die Bierdose setzen. Die Keulen anschließend nach vorne ziehen, sodass das Ganze eine Art Dreifuß bildet und das Huhn aufrecht stehen bleibt.

Wenn auf einem Hühnersitz gegrillt wird: Den Sake einfüllen, die Zitronenzesten hineingeben und das Huhn gemäß Anweisungen des Herstellers positionieren.

4 Die Flügel hinter dem Rücken feststecken.

5 Den Grill für indirektes Grillen einrichten (siehe S. 19 für Holzkohle und Gas) und auf mittlere Temperatur (160–180 °C) vorheizen. Beim Holzkohlegrill eine große Fettpfanne in die Mitte stellen.

CHOYA
蝶矢
純米酒
SAKE

6 Sobald es losgehen kann: Das Huhn in die Mitte des heißen Grillrostes über die Fettpfanne stellen. Den Grill schließen und das Huhn 1 ¼–1 ½ Stunden grillen, bis die Haut außen schön gebräunt und sehr knusprig ist. Das Fleisch ist gar, wenn das Kernthermometer am dicksten Teil der Keule, ohne den Knochen zu berühren, eine Kerntemperatur von 82 °C anzeigt (siehe S. 30 für andere Möglichkeiten zur Überprüfung des Garzustandes). Der Holzkohlegrill benötigt nach 1 Stunde 12 frische Kohlen pro Seite. In den letzten 30 Minuten der Garzeit das Huhn 1–2 Mal mit dem restlichen Sesamöl bepinseln. Wird das Huhn zu braun, locker mit Alufolie abdecken.

7 Wenn auf der Bierdose gegrillt wird: Das Huhn mit einer Grillzange vorsichtig an der Dose anfassen und aufrecht auf einen Servierteller stellen.

Wenn auf einem Hühnersitz gegrillt wird: Das Huhn mithilfe von feuerfesten Handschuhen mit dem Hühnersitz aus dem Grill holen.

8 Präsentation Ihres Meisterwerkes: Das Huhn 5 Minuten ruhen lassen und dann vorsichtig die Dose entfernen, ohne den kochend heißen Sake zu verschütten! Das Huhn halbieren, vierteln oder anderweitig aufschneiden und mit der Limetten-„Teriyaki"-Glaze und gut gekühltem Sake servieren.

Ergibt 2-4 Portionen

Tipp!

Wasabi ist eine scharfe japanische Wurzel, die unserem Meerrettich ähnelt. Sie wird meist fertig gemischt in einer Tube verkauft. Besser ist jedoch Wasabi in Pulverform, das in kleinen Metalldosen in Asialäden verkauft wird.

LIMETTEN-„TERIYAKI“-GLAZE

Diese Kreation meines Sohnes Jeff, einem Koch, ist eine ebenso einfache wie ausgefallene Interpretation der Teriyakisauce und enthält nur 4 Zutaten. Durch den frischen Limettensaft bekommen die klassischen Zutaten eine ganz neue Dimension. Lassen Sie die Sauce nicht zu stark kochen, sonst kann die Sojasauce darin anbrennen. Frisch vom Herd wirkt die Glaze vielleicht etwas dünn, sie dickt beim Abkühlen aber noch ein. Zugedeckt im Kühlschrank aufbewahrt hält sie sich mehrere Monate. Vor dem Servieren wieder leicht erwärmen.

125 ml Sojasauce, z. B. Kikkoman
250 g Zucker
2 Knoblauchzehen, geschält und platt gedrückt
60 ml Limettensaft, frisch gepresst

1 Die Sojasauce, den Zucker und den Knoblauch in einem Topf verrühren. Zugedeckt bei mittelhoher Temperatur 4–6 Minuten köcheln, bis sich der Zucker aufgelöst hat und das Ganze die Konsistenz von Melasse hat. Dabei häufig umrühren.

2 Den Limettensaft unterrühren und alles etwa 5 Minuten köcheln, bis die Sauce wieder eindickt. Die Knoblauchzehen herausnehmen und wegwerfen. Die Glaze warm oder bei Raumtemperatur servieren.

Ergibt ca. 200 ml

ALKOHOLFREIES HÜHNCHEN

Als ich vor einigen Jahren auf der Suche nach einer neuen Herausforderung war, öffnete ich kurzerhand eine Dose Root Beer und setzte ein Huhn darauf. Vom Grill kam ein zartes Hühnchen, das fein nach Süßholz, Amerikanischem Wintergrün und Nelken duftete (auf S. 140 finden Sie eine Version für Stubenküken). Seitdem habe ich mit Ginger Ale, Cola und sogar Cherry-Cola experimentiert. Dann ist da noch das Geflügel, das ich über Pfirsichnektar, Cranberrysaft, Limonade und Eistee gegrillt habe. Im Endeffekt können Sie nahezu jede aromatische Flüssigkeit verwenden, um Hühner zu grillen, die einfach fantastisch schmecken. Wer sagt denn, dass man Bier braucht, um ein Bierdosen-Huhn zuzubereiten?

CLASSIC
0,33L
AM BESTEN
EISKALT
Code unter Öffnerlasche
cherry
taste

COLA-HÜHNCHEN

Hochtrabende Küchenchefs arbeiten mit einem großen Nachteil: Coca-Cola – oder irgendeine andere Cola – ist selten Teil ihrer Zutatenliste. Dabei weiß doch jeder Pitmaster, der etwas auf sich hält, dass Cola, Pepsi und ähnliche Getränke durch das komplexe Zusammenspiel von süßen, sauren und würzigen Aromen zu einer wertvollen Zutat in Marinaden und Barbecuesaucen werden. In anderen Teilen Amerikas wird diese Tatsache hoch geschätzt – in Venezuela ist z. B. in Cola geschmorter Braten eine Art Nationalheiligtum. Ich habe die Idee für meine Grillhähnchen aufgegriffen. Es ist eine wunderbare Zubereitungsmethode für Menschen, die kein Bier trinken.

Rub:

1 EL mildes Chilipulver
2 TL Salz
2 TL heller Rohrzucker
1 TL schwarzer Pfeffer, frisch gemahlen
1 TL Kreuzkümmelpulver
½ TL Knoblauchpulver
¼ TL (oder mehr) Cayennepfeffer

1 Dose (0,33 l) Cola
1 Huhn (1 ¾–2 kg)
2 TL Pflanzenöl
Cola-Barbecuesauce (Rezept folgt)

Sie benötigen weiterhin:

2 Tassen Chunks oder Chips (am besten Hickory), 1 Stunde in Wasser eingeweicht und abgegossen
1 Hühnersitz (optional)

1 Zubereitung des Rubs: Das Chilipulver, das Salz, den Zucker, den Pfeffer, den Kreuzkümmel, das Knoblauchpulver und den Cayennepfeffer in einer kleinen Schüssel mischen.

2 Die Coladose öffnen, die Hälfte des Getränks ausgießen und für die Barbecuesauce reservieren. Wird das Huhn auf der Dose zubereitet, 2 weitere Löcher in den Deckel bohren.

3 Das Paket mit den Innereien aus dem Huhn nehmen und beiseite legen. Überschüssiges Fett in den Körperöffnungen entfernen. Das Huhn unter fließend kaltem Wasser abspülen und innen und außen mit einem Papiertuch trocken tupfen. Nun 1 TL Rub in die große Körperhöhle und ½ TL Rub in die Halsöffnung streuen. Die Haut rundherum dünn einölen, mit 1 EL Rub bestreuen und diesen leicht einmassieren. Den restlichen Rub in die offene Coladose streuen. Keine Sorge, falls die Cola zu schäumen beginnt – das ist ganz normal.

Tipp!

Coca-Cola oder Pepsi sind die zwei offensichtlichsten Kandidaten für dieses Rezept, aber Sie können auch eine andere Cola verwenden (kennen Sie Inka Cola aus Peru?). Sie können dazu auch gern den Rub abwandeln.

CLASSIC

4 Wenn auf der Dose gegrillt wird: Das Huhn senkrecht halten und vorsichtig auf die Dose setzen. Die Keulen anschließend nach vorne ziehen, sodass das Ganze eine Art Dreifuß bildet und das Huhn aufrecht stehen bleibt.

Wenn auf einem Hühnersitz gegrillt wird: Die gewürzte Colamischung einfüllen und das Huhn gemäß Anweisungen des Herstellers positionieren.

5 Die Flügel hinter dem Rücken feststecken.

6 Den Grill für indirektes Grillen einrichten (siehe S. 19 für Holzkohle und Gas) und auf mittlere Temperatur (160–180 °C) vorheizen. Beim Holzkohlegrill eine große Fettpfanne in die Mitte stellen. Beim Gasgrill die Chunks oder Chips in die Smokebox oder in eine Räuchertasche (siehe S. 20) legen und bei starker Hitze vorheizen, bis sich Rauch bildet, dann die Temperatur im Garraum auf 160–180 °C reduzieren.

7 Sobald es losgehen kann: Beim Holzkohlegrill das Holz zum Smoken auf die Kohlen geben und das Huhn in die Mitte des heißen Grillrostes über die Fettpfanne stellen. Den Grill schließen und das Huhn 1 ¼–1 ½ Stunden grillen, bis die Haut außen schön gebräunt und sehr knusprig ist. Das Fleisch ist gar, wenn das Kernthermometer am dicksten Teil der Keule, ohne den Knochen zu berühren, eine Kerntemperatur von 82 °C anzeigt (siehe S. 30 für andere Möglichkeiten zur Überprüfung des Garzustandes). Der Holzkohlegrill benötigt nach 1 Stunde 12 frische Kohlen pro Seite. Wird das Huhn zu braun, locker mit Alufolie abdecken.

8 Wenn auf der Dose gegrillt wird: Das Huhn mit einer Grillzange vorsichtig an der Dose anfassen und aufrecht auf einen Servierteller stellen.

Wenn auf einem Hühnersitz gegrillt wird: Das Huhn mithilfe von feuerfesten Handschuhen mit dem Hühnersitz aus dem Grill holen.

9 Präsentation Ihres Meisterwerkes: Das Huhn 5 Minuten ruhen lassen und dann vorsichtig die Dose entfernen, ohne die kochend heiße Cola zu verschütten! Das Huhn halbieren, vierteln oder anderweitig aufschneiden und mit der Barbecuesauce servieren.

Ergibt 2–4 Portionen

COLA-BARBECUESAUCE

Gibt es eine bessere Möglichkeit, eine Barbecuesauce aufzupeppen, als mit dem beliebtestem Softdrink der USA? Die Cola-Barbecuesauce passt hervorragend zu Huhn, aber auch zu Schweinefleisch, Brisket, Ribs und sogar Lachs.

- 1 EL Butter
- 25 g Zwiebel, fein gehackt
- 1 Knoblauchzehe, fein gehackt
- 1 EL frischer Ingwer, geschält und fein gehackt
- 160 ml Cola (vom Cola-Hühnchen reserviert)
- 170 g Ketchup
- ½ TL Zitronenabrieb
- 2 EL Zitronensaft, frisch gepresst
- 2 EL Worcestershiresauce
- 2 EL A1 Steak Sauce
- ½ TL Flüssigrauch
- ½ TL (oder mehr) schwarzer Pfeffer, frisch gemahlen
- Meersalz nach Bedarf

1 Die Butter bei mittlerer Hitze in einem Topf schmelzen. Die Zwiebel, den Knoblauch und den Ingwer dazugeben und ca. 3 Minuten weich dünsten, aber nicht bräunen. Die Cola unterrühren, die Temperatur erhöhen und das Ganze aufkochen.

2 Den Ketchup, den Zitronenabrieb, den Zitronensaft, die Worcestershiresauce, die Steaksauce, den Flüssigrauch und den Pfeffer dazugeben und aufkochen. Dann die Temperatur reduzieren und die Sauce ca. 5 Minuten köcheln, bis sie dick und aromatisch ist. Mit Salz und Pfeffer abschmecken und warm oder bei Raumtemperatur servieren. Zugedeckt im Kühlschrank aufbewahrt hält sich die Sauce etwa 1 Woche. Vor dem Servieren wieder leicht erwärmen.

Ergibt ca. 300 ml

GINGER-ALE-HÜHNCHEN

Huhn und Ingwer passen von Natur aus gut zusammen, eine Tatsache, die in so unterschiedlichen Ländern wie Jamaika, China und Marokko wohlbekannt ist. Das brachte mich auf die Idee, ein Bierdosen-Huhn mit Ginger Ale oder Ingwer-Bier zuzubereiten. Der Rub ist diesmal eine aromatische Paste aus Ingwer, Knoblauch und Gewürzen. Ginger Ale und die Ingwer-Barbecuesauce betonen das Ganze zusätzlich.

Ingwer-Knoblauchpaste:

2 EL frischer Ingwer, geschält und fein gehackt
3 Knoblauchzehen, fein gehackt
2 Frühlingszwiebeln, (weiße und grüne Teile) geputzt und fein geschnitten
1 TL Meersalz
½ TL schwarzer Pfeffer, frisch gemahlen
2 EL dunkles Sesamöl oder Pflanzenöl

1 Dose oder Flasche (0,33 l) Ginger Ale oder Ingwer-Bier
1 Huhn (1 ¾–2 kg)
2 Scheiben (½ cm dick) frischer Ingwer, geschält
Ingwer-Barbecuesauce (Rezept folgt)

Sie benötigen weiterhin:

2 Tassen Chunks oder Chips (am besten Hickory), 1 Stunde in Wasser und/ oder Bier eingeweicht und abgegossen
1 saubere, leere 0,33-l-Dose mit 2 weiteren Löchern im Deckel oder einen Hühnersitz (optional)

1 Zubereitung der Ingwer-Knoblauchpaste: Den Ingwer, den Knoblauch, die Frühlingszwiebeln, das Salz, den Pfeffer und das Öl in einem Mixer pürieren. 1 EL der Paste für die Barbecuesauce reservieren.

2 Ist das Ginger Ale in einer Dose, diese öffnen, die Hälfte des Getränks ausgießen und für die Barbecuesauce aufbewahren. Wird das Huhn auf der Dose zubereitet, 2 weitere Löcher in den Deckel bohren.

Ist das Ginger Ale in einer Flasche, eine saubere, leere Dose zur Hälfte damit füllen bzw. das Getränk in den Hühnersitz gießen.

3 Die halbvolle Dose bzw. den Hühnersitz beiseite stellen.

4 Das Paket mit den Innereien aus dem Huhn nehmen und beiseite legen. Überschüssiges Fett in den Körperöffnungen entfernen. Das Huhn unter fließend kaltem Wasser abspülen und innen und außen mit einem Papiertuch trocken tupfen. Die Hälfte der Paste in der großen Körperhöhle und der Halsöffnung verteilen. Mit dem Rest der Paste das Huhn außen einreiben. Zu Letzt je eine Scheibe Ingwer in die Körperhöhle und die Halsöffnung geben.

5 Wenn auf der Dose gegrillt wird: Das Huhn senkrecht halten und vorsichtig auf die Dose setzen. Die Keulen anschließend nach vorne ziehen, sodass das Ganze eine Art Dreifuß bildet und das Huhn aufrecht stehen bleibt.

Wenn auf einem Hühnersitz gegrillt wird: Die Getränkemischung einfüllen und das Huhn gemäß Anweisungen des Herstellers positionieren.

6 Die Flügel hinter dem Rücken feststecken.

7 Den Grill für indirektes Grillen einrichten (siehe S. 19 für Holzkohle und Gas) und auf mittlere Temperatur (160–180 °C) vorheizen. Beim Holzkohlegrill eine große Fettpfanne in die Mitte stellen. Beim Gasgrill die Chunks oder Chips in die Smokebox oder in eine Räuchertasche (siehe S. 20) legen und bei starker Hitze vorheizen, bis sich Rauch bildet, dann die Temperatur im Garraum auf 160–180 °C reduzieren.

8 Sobald es losgehen kann: Beim Holzkohlegrill das Holz zum Smoken auf die Kohlen geben und das Huhn in die Mitte des heißen Grillrostes über die Fettpfanne stellen. Den Grill schließen und das Huhn 1 ¼–1 ½ Stunden grillen, bis die Haut außen schön gebräunt und sehr knusprig ist. Das Fleisch ist gar, wenn das Kernthermometer am dicksten Teil der Keule, ohne den Knochen zu berühren, eine Kerntemperatur von 82 °C anzeigt (siehe S. 30 für andere Möglichkeiten zur Überprüfung des Garzustandes). Der Holzkohlegrill benötigt nach 1 Stunde 12 frische Kohlen pro Seite. Wird das Huhn zu braun, locker mit Alufolie abdecken.

9 Wenn auf der Dose gegrillt wird: Das Huhn mit einer Grillzange vorsichtig an der Dose anfassen und aufrecht auf einen Servierteller stellen.

Wenn auf einem Hühnersitz gegrillt wird: Das Huhn mithilfe von feuerfesten Handschuhen mit dem Hühnersitz aus dem Grill holen.

10 Präsentation Ihres Meisterwerkes: Das Huhn 5 Minuten ruhen lassen und dann vorsichtig die Dose entfernen, ohne das kochend heiße Ginger Ale zu verschütten! Das Huhn halbieren, vierteln oder anderweitig aufschneiden und mit der Ingwer-Barbecuesauce servieren.

Ergibt 2–4 Portionen

Tipp!

Mit Ginger Ale produzieren Sie ein großartiges Huhn. Sein karibischer Cousin Ingwer-Bier ist stärker, würziger, weniger süß und ebenfalls perfekt geeignet. Leider gibt es dieses nur in Flaschen – Sie müssen es also ggf. umfüllen.

INGWER-BARBECUESAUCE

Hoisin-Sauce ist eine sirupartige und süßliche violett-braune chinesische Sauce aus fermentierten Sojabohnen, Knoblauch und Gewürzen, die ein entscheidender Bestandteil dieser Barbecuesauce ist. Sie erhalten die Sauce z. B. in Asialäden, aber auch in gut sortierten Supermärkten.

- 160 ml Ginger Ale oder Ingwer-Bier (vom Ginger-Ale-Hühnchen aufbewahrt)
- 60 ml Reiswein oder trockener Sherry
- 60 ml Hoisin-Sauce
- 3 EL Ketchup
- 2 ½ EL (oder mehr) Limettensaft, frisch gepresst
- 2 EL Rohrzucker
- 1 EL Ingwer-Knoblauchpaste (vom Ginger-Ale-Hühnchen reserviert)
- Meersalz und frisch gemahlener schwarzer Pfeffer

1 Den Ginger Ale und den Reiswein in einem Topf bei starker Hitze aufkochen und 2 Minuten kochen lassen.

2 Die Hoisin-Sauce, den Ketchup, den Limettensaft, den Zucker und die Ingwer-Knoblauchpaste unterrühren. Die Temperatur reduzieren und das Ganze 6–10 Minuten köcheln, bis die Sauce dick und aromatisch ist. Mit Salz und Pfeffer abschmecken. Zugedeckt im Kühlschrank aufbewahrt hält sich die Sauce etwa 1 Woche. Vor dem Servieren wieder leicht erwärmen.

Ergibt ca. 250 ml

CHERRY-COLA-HÜHNCHEN

Geflügel und Kirschen scheinen wie füreinander gemacht – eine Beziehung die jeder zu schätzen weiß, der schon einmal persische Ente mit Sauerkirschen oder französische *Canard aux Cerises* (Ente mit Kirschen) gegessen hat. Diese Rezepte brachten mich auf die Idee, einmal ein Bierdosen-Huhn mit einer Cherry-Cola zuzubereiten.

Der Grüntee-Rub, den ich verwende, wurde von Ann Wilder inspiriert, der Eigentümerin von *Vann's Spices* in Baltimore, Maryland. Grüner Tee und Sumach erscheinen seltsam in Kombination mit Kirschen, aber der erdige Geschmack des Tees und die würzige Frische des Sumachs gleichen die Süße der Limonade wunderbar aus.

Rub:

1 EL getrockneter Grüner Tee
1 EL Sumachpulver oder 2 TL Zitronenpfeffer
1 EL Zwiebel- oder Schalottenflocken
1 ½ TL Meersalz
1 TL schwarzer Pfeffer, frisch gemahlen (nur wenn Sumach verwendet wird)

1 Dose (0,33 l) Cherry-Cola
1 Huhn (1 ¾–2 kg)
2 TL Pflanzenöl
Cherry-Barbecuesauce (Rezept folgt)

Sie benötigen weiterhin:

2 Tassen Chunks oder Chips (am besten Hickory oder Kirsche), 1 Stunde in Wasser eingeweicht und abgegossen
1 Hühnersitz (optional)

1 Zubereitung des Rubs: Den Grünen Tee, den Sumach, die Zwiebelflocken, das Salz und ggf. den Zitronenpfeffer in einer Gewürz- oder Kaffeemühle pulverisieren.

2 Die Dose öffnen und die Hälfte des Getränks in einen Messbecher gießen und für später reservieren.

3 Das Paket mit den Innereien aus dem Huhn nehmen und beiseite legen. Überschüssiges Fett in den Körperöffnungen entfernen. Das Huhn unter fließend kaltem Wasser abspülen und innen und außen mit einem Papiertuch trocken tupfen. Nun 1 TL Rub in die große Körperhöhle und ½ TL Rub in die Halsöffnung streuen. Die Haut rundherum dünn einölen, mit 1 EL Rub bestreuen und diesen leicht einmassieren. Den restlichen Rub in die offene Dose streuen. Keine Sorge, falls die Cola zu schäumen beginnt – das ist ganz normal.

4 Wenn auf der Dose gegrillt wird: In den Deckel der Dose 2 weitere Löcher bohren. Das Huhn senkrecht halten und vorsichtig auf die Dose setzen. Die Keulen anschließend nach vorne ziehen, sodass das Ganze eine Art Dreifuß bildet und das Huhn aufrecht stehen bleibt.

Wenn auf einem Hühnersitz gegrillt wird: Die Getränkemischung einfüllen und das Huhn gemäß Anweisungen des Herstellers positionieren.

Dr Pepper

5 Die Flügel hinter dem Rücken feststecken.

6 Den Grill für indirektes Grillen einrichten (siehe S. 19 für Holzkohle und Gas) und auf mittlere Temperatur (160–180 °C) vorheizen. Beim Holzkohlegrill eine große Fettpfanne in die Mitte stellen. Beim Gasgrill die Chunks oder Chips in die Smokebox oder in eine Räuchertasche (siehe S. 20) legen und bei starker Hitze vorheizen, bis sich Rauch bildet, dann die Temperatur im Garraum auf 160–180 °C reduzieren.

7 Sobald es losgehen kann: Beim Holzkohlegrill das Holz zum Smoken auf die Kohlen geben und das Huhn in die Mitte des heißen Grillrostes über die Fettpfanne stellen. Den Grill schließen und das Huhn 1 ¼–1 ½ Stunden grillen, bis die Haut außen schön gebräunt und sehr knusprig ist. Das Fleisch ist gar, wenn das Kernthermometer am dicksten Teil der Keule, ohne den Knochen zu berühren, eine Kerntemperatur von 82 °C anzeigt (siehe S. 30 für andere Möglichkeiten zur Überprüfung des Garzustandes). Der Holzkohlegrill benötigt nach 1 Stunde 12 frische Kohlen pro Seite. Wird das Huhn zu braun, locker mit Alufolie abdecken.

8 Wenn auf der Dose gegrillt wird: Das Huhn mit einer Grillzange vorsichtig an der Dose anfassen und aufrecht auf einen Servierteller stellen.

Wenn auf einem Hühnersitz gegrillt wird: Das Huhn mithilfe von feuerfesten Handschuhen mit dem Hühnersitz aus dem Grill holen.

Tipp!

Das rötliche, zitronige Gewürz Sumach stammt von der Frucht des Essigbaums aus dem Nahen Osten. Sie erhalten es z. B. in Asialäden. Im Zweifelsfall können Sie auch Zitronenpfeffer verwenden.

9 Es folgt die Präsentation Ihres Meisterwerkes: Das Huhn 5 Minuten ruhen lassen und dann vorsichtig die Dose entfernen, ohne die kochend heiße Cola zu verschütten! Das Huhn halbieren, vierteln oder anderweitig aufschneiden und mit der Cherry-Cola-Barbecuesauce servieren.

Ergibt 2–4 Portionen

CHERRY-COLA-BARBECUESAUCE

Der dreifache Fruchtgenuss stammt hier von der Cherry-Cola, der Kirschkonfitüre und den eingeweckten Süßkirschen. Ein Purist würde natürlich frische Kirschen verwenden (Sie müssten etwa 500 g entsteinen). Der Einfachheit halber verwende ich Kirschen aus dem Glas.

- 160 ml Cherry-Cola (vom Cherry-Cola-Hühnchen reserviert)
- 500 g Süßkirschen (aus dem Glas), abgetropft
- 3 EL Kirschkonfitüre
- 2 EL Zitronensaft, frisch gepresst
- 2 EL Butter
- 1 EL (oder mehr) Zucker
- ½ TL Zimt
- 60 ml trockener Rotwein
- 1 EL Maismehl
- Meersalz und frisch gemahlener schwarzer Pfeffer

1 Die Kirschcola, die Kirschen, die Kirschkonfitüre, den Zitronensaft, die Butter, den Zucker, den Zimt und 3 EL Wein in einem Topf bei großer Hitze aufkochen. Anschließend die Temperatur reduzieren und 5 Minuten sanft köcheln.

2 Den restlichen Wein und das Maismehl in einer Schüssel zu einem dünnflüssigen Brei verrühren. Diesen mit dem Schneebesen in die Kirsch-Sauce rühren und bei starker Hitze 1 Minute kochen, bis die Sauce eindickt.

3 Die Sauce abschmecken und ggf. mit Zucker, Zitronensaft, Salz und Pfeffer nachwürzen. Die Sauce sollte stark gewürzt sein. Warm oder bei Raumtemperatur servieren. Zugedeckt im Kühlschrank aufbewahrt hält sich die Sauce etwa 1 Woche. Vor dem Servieren wieder auf Raumtemperatur erwärmen.

Ergibt ca. 500 ml

PFIRSICHNEKTAR-HÜHNCHEN

Wenn Sie schon einmal in Georgia Barbecue genossen haben wissen Sie, wie gut das Aroma des Pfirsichs zu der rauchigen Würze von gegrilltem Huhn passt. Das Pfirsichnektar-Huhn mit seiner Pfirsich-Barbecuesauce wird jeden begeistern, der reife Pfirsiche liebt – und wer tut das nicht?

Rub:
- 2 TL Rohrzucker
- 2 TL Paprikapulver, edelsüß
- 1 TL Meersalz
- 1 TL schwarzer Pfeffer, frisch gemahlen
- 1 TL Knoblauchpulver
- 1 TL Zimt
- ¼ TL Kardamompulver

- 1 Dose (0,33 l) Pfirsichnektar (oder eine leere, saubere Dose verwenden)
- 1 Zimtstange (8 cm)
- 1 Huhn (1 ¾–2 kg)
- 2 TL Pflanzenöl
- Pfirsich-Barbecuesauce (Rezept folgt)

Sie benötigen weiterhin:
- 2 Tassen Chunks oder Chips (am besten Apfel oder Pfirsich), 1 Stunde in Wasser eingeweicht und abgegossen
- 1 saubere, leere 0,33-l-Dose oder einen Hühnersitz (optional)

1 Zubereitung des Rubs: Den Rohrzucker, das Paprikapulver, das Salz, den Pfeffer, das Knoblauchpulver, den Zimt und das Kardamompulver in einer kleinen Schüssel mischen.

2 Die Dose öffnen, die Hälfte des Getränks in einen Messbecher gießen und für später aufbewahren. Kommt der Pfirsichnektar aus der Flasche, 160 ml mithilfe eines Trichter in eine leere Dose füllen. Anschließend die Zimtstange in die Dose stecken. Wird das Huhn auf der Dose zubereitet, 2 weitere Löcher in den Deckel bohren.

3 Das Paket mit den Innereien aus dem Huhn nehmen und beiseite legen. Überschüssiges Fett in den Körperöffnungen entfernen. Das Huhn unter fließend kaltem Wasser abspülen und innen und außen mit einem Papiertuch trocken tupfen. Nun 1 TL Rub in die große Körperhöhle und ½ TL Rub in die Halsöffnung streuen. Die Haut rundherum dünn einölen, mit 1 EL Rub bestreuen und diesen leicht einmassieren.

4 Wenn auf der Dose gegrillt wird: Den restlichen Rub in die Dose füllen. Nun das Huhn senkrecht halten und vorsichtig auf die Bierdose setzen. Die Keulen anschließend nach vorne ziehen, sodass das Ganze eine Art Dreifuß bildet und das Huhn aufrecht stehen bleibt.

Wenn auf einem Hühnersitz gegrillt wird: Die Nektarmischung einfüllen und das Huhn gemäß Anweisungen des Herstellers positionieren.

Tipp!

Pfirsichholz können Sie im Fachhandel oder im Internet bestellen.

5 Die Flügel hinter dem Rücken feststecken.

6 Den Grill für indirektes Grillen einrichten (siehe S. 19 für Holzkohle und Gas) und auf mittlere Temperatur (160–180 °C) vorheizen. Beim Holzkohlegrill eine große Fettpfanne in die Mitte stellen. Beim Gasgrill die Chunks oder Chips in die Smokebox oder in eine Räuchertasche (siehe S. 20) legen und bei starker Hitze vorheizen, bis sich Rauch bildet, dann die Temperatur im Garraum auf 160–180 °C reduzieren.

7 Sobald es losgehen kann: Beim Holzkohlegrill das Holz zum Smoken auf die Kohlen geben und das Huhn in die Mitte des heißen Grillrostes über die Fettpfanne stellen. Den Grill schließen und das Huhn 1 ¼–1 ½ Stunden grillen, bis die Haut außen schön gebräunt und sehr knusprig ist. Das Fleisch ist gar, wenn das Kernthermometer am dicksten Teil der Keule, ohne den Knochen zu berühren, eine Kerntemperatur von 82 °C anzeigt (siehe S. 30 für andere Möglichkeiten zur Überprüfung des Garzustandes). Der Holzkohlegrill benötigt nach 1 Stunde 12 frische Kohlen pro Seite. Wird das Huhn zu braun, locker mit Alufolie abdecken.

8 Wenn auf der Dose gegrillt wird: Das Huhn mit einer Grillzange vorsichtig an der Dose anfassen und aufrecht auf einen Servierteller stellen.

Wenn auf einem Hühnersitz gegrillt wird: Das Huhn mithilfe von feuerfesten Handschuhen mit dem Hühnersitz aus dem Grill holen.

9 Es folgt die Präsentation Ihres Meisterwerkes: Das Huhn 5 Minuten ruhen lassen und dann vorsichtig die Dose entfernen, ohne den kochend heißen Nektar zu verschütten! Das Huhn halbieren, vierteln oder anderweitig aufschneiden und mit der Pfirsich-Barbecuesauce servieren.

Ergibt 2–4 Portionen

Tipp!

Idealerweise verwenden Sie Pfirsichnektar in einer Aluminiumdose. Wenn Sie keinen bekommen, verwenden Sie einfach eine andere saubere, leere Dose und füllen den Nektar um. Statt Pfirsich können Sie auch Aprikosen- oder Nektarinennektar verwenden.

PFIRSICH-BARBECUESAUCE

Eine Barbecuesauce mit Pfirsichen passt ebenso großartig zu normalen Bierdosen-Hühnchen wie zum Pfirsichnektar-Hühnchen, aber auch zu Schweinefleisch oder Ribs.

1 Den Pfirsichnektar, den Ketchup, die Pfirsichkonfitüre, den Honig, die Worcestershiresauce, den Likör, die Sojasauce und den Flüssigrauch mit dem Wasser in einem Topf bei mittelhoher Temperatur langsam aufkochen.

2 Die Temperatur reduzieren und die Sauce 8–10 Minuten köcheln, bis sie dick und aromatisch ist. Dabei immer wieder umrühren und anschließend mit Salz, Pfeffer und ggf. mehr Honig abschmecken.

3 Warm oder bei Raumtemperatur servieren. Eventuelle Reste halten sich im Kühlschrank aufbewahrt etwa 1 Woche.

Ergibt ca. 350 ml

160 ml Pfirsichnektar (vom Pfirsichnektar-Hühnchen reserviert)
125 ml Ketchup
2 EL Pfirsich- oder Aprikosenkonfitüre
1 EL (oder mehr) Honig
1 EL Worcestershiresauce
1 EL Pfirsichlikör oder brauner Rum
½ TL Sojasauce
¼ TL Flüssigrauch
60 ml Wasser
Meersalz und frisch gemahlener schwarzer Pfeffer

PILGER-HÜHNCHEN

Ich weiß ja nicht, was die ersten europäischen Siedler in Neu-England vom Bierdosen-Hühnchen gehalten hätten, aber Bier haben sie genug getrunken. Zudem entdeckten sie in ihrer ersten Siedlung, Plymoth, im südöstlichen Massachusetts, auch die Cranberrys. Diese Version des Bierdosen-Huhns wurde von der frischen Säure der Cranberrys inspiriert. Der Vogel bekommt sein Aroma gleich auf dreifache Weise: durch den Saft in der Dose, durch die Cranberry-Butterglaze und durch die frische Cranberrysalsa als Beilage.

Rub:

1 EL Rohrzucker
1 EL Meersalz
1 TL schwarzer Pfeffer, frisch gemahlen
1 ½ TL Korianderpulver
½ TL Zimt

1 Dose (0,33 l) Cranberrysaft (oder eine saubere leere Dose verwenden)
3 EL gesalzene Butter, geschmolzen
1 Huhn (1 ¾–2 kg)
Cranberrysalsa (Rezept folgt)

Sie benötigen weiterhin:

2 Tassen Chunks oder Chips (am besten Eiche, Apfel oder Kirsche), 1 Stunde in Wasser eingeweicht und abgegossen
1 saubere, leere 0,33-l-Dose oder einen Hühnersitz (optional)

1 Zubereitung des Rubs: Den Zucker, das Salz, den Pfeffer, das Korianderpulver und den Zimt in einer kleinen Schüssel mischen.

2 Die Dose öffnen und die Hälfte des Cranberrysaftes in einen kleinen Topf gießen. Wird das Huhn auf der Dose zubereitet, 2 weitere Löcher in den Deckel bohren. Den Saft dann beiseite stellen.

3 Den Cranberrysaft in dem Topf bei starker Hitze in etwa 5 Minuten auf 60 ml einkochen. Anschließend 2 EL Butter und 1 TL Rub unterrühren und köcheln, bis das Ganze eine sirupartige Konsistenz hat. Die fertige Glaze beiseite stellen.

4 Das Paket mit den Innereien aus dem Huhn nehmen und beiseite legen. Überschüssiges Fett in den Körperöffnungen entfernen. Das Huhn unter fließend kaltem Wasser abspülen und innen und außen mit einem Papiertuch trocken tupfen. Nun 1 TL Rub in die große Körperhöhle und ½ TL Rub in die Halsöffnung streuen. Das gesamte Huhn außen mit der restlichen Butter bepinseln, mit 1 EL Rub bestreuen und diesen leicht einmassieren. Den restlichen Rub in die offene Dose streuen.

5 Wenn auf der Dose gegrillt wird: Das Huhn senkrecht halten und vorsichtig auf die Dose setzen. Die Keulen anschließend nach vorne ziehen, sodass das Ganze eine Art Dreifuß bildet und das Huhn aufrecht stehen bleibt.

Wenn auf einem Hühnersitz gegrillt wird: Die Saftmischung einfüllen und das Huhn gemäß Anweisungen des Herstellers positionieren.

6 Die Flügel hinter dem Rücken feststecken.

7 Den Grill für indirektes Grillen einrichten (siehe S. 19 für Holzkohle und Gas) und auf mittlere Temperatur (160–180 °C) vorheizen. Beim Holzkohlegrill eine große Fettpfanne in die Mitte stellen. Beim Gasgrill die Chunks oder Chips in die Smokebox oder in eine Räuchertasche (siehe S. 20) legen und bei starker Hitze vorheizen, bis sich Rauch bildet, dann die Temperatur im Garraum auf 160–180 °C reduzieren.

8 Sobald es losgehen kann: Beim Holzkohlegrill das Holz zum Smoken auf die Kohlen geben und das Huhn in die Mitte des heißen Grillrostes über die Fettpfanne stellen. Den Grill schließen und das Huhn 1 ¼–1 ½ Stunden grillen, bis die Haut außen schön gebräunt und sehr knusprig ist. Das Fleisch ist gar, wenn das Kernthermometer am dicksten Teil der Keule, ohne den Knochen zu berühren, eine Kerntemperatur von 82 °C anzeigt (siehe S. 30 für andere Möglichkeiten zur Überprüfung des Garzustandes). Der Holzkohlegrill benötigt nach 1 Stunde 12 frische Kohlen pro Seite. Das Huhn 15 Minuten vor Ende der Garzeit vorsichtig mit der Cranberryglaze bepinseln. Wird das Huhn zu braun, locker mit Alufolie abdecken. Das Huhn unmittelbar bevor es vom Grill kommt noch einmal bepinseln.

9 Wenn auf der Dose gegrillt wird: Das Huhn mit einer Grillzange vorsichtig an der Dose anfassen und aufrecht auf einen Servierteller stellen.

Wenn auf einem Hühnersitz gegrillt wird: Das Huhn mithilfe von feuerfesten Handschuhen mit dem Hühnersitz aus dem Grill holen.

10 Präsentation Ihres Meisterwerkes: Das Huhn 5 Minuten ruhen lassen und dann vorsichtig die Bierdose entfernen, ohne den kochend heißen Saft zu verschütten! Das Huhn halbieren, vierteln oder anderweitig aufschneiden und mit der Cranberrysalsa servieren.

Ergibt 2–4 Portionen

Tipp!

Cranberrysaft wird meist in Flaschen abgefüllt. Falls Sie im Supermarkt keine Dosen finden, füllen Sie den Saft einfach in eine saubere, leere Dose um oder verwenden Sie einen Hühnersitz.

CRANBERRYSALSA

Sie werden feststellen, dass dieses Rezept mehr Salsa ergibt, als Sie für das Gericht benötigen. Nun ja, vielleicht. Meine Frau und ich haben schon die ganze Portion auf einmal verputzt. Sollten Sie tatsächlich etwas übrig behalten, hält sie sich im Kühlschrank einige Tage.

1 Das Wasser bei starker Hitze aufkochen. Die Cranberrys darin 1–2 Minuten kochen. Anschließend abgießen und unter kaltem Wasser abspülen, bis sie abgekühlt sind.

2 Die abgekühlten Cranberrys in eine Schüssel geben und mit dem Knoblauch, den Jalapeños, dem Koriander, den Frühlingszwiebeln, dem Zucker und dem Limettensaft mischen. Abschmecken und nach Bedarf mit Salz, Pfeffer, Zucker und/oder Limettensaft nachwürzen. Die Salsa sollte süß, säuerlich und leicht scharf sein.

Ergibt ca. 350 ml

500 ml Wasser
350 g frische Cranberrys
1 Knoblauchzehe, fein gehackt
1–3 Jalapeñoschoten, Kerne entfernt und fein gehackt (soll die Salsa schärfer sein, die Kerne nicht entfernen)
15 g frischer Koriander, gehackt
3 Frühlingszwiebeln, (weiße und grüne Teile) geputzt und fein geschnitten
90 g (oder mehr) Zucker
60 ml (oder mehr) Limettensaft, frisch gepresst
Meersalz und frisch gemahlener schwarzer Pfeffer

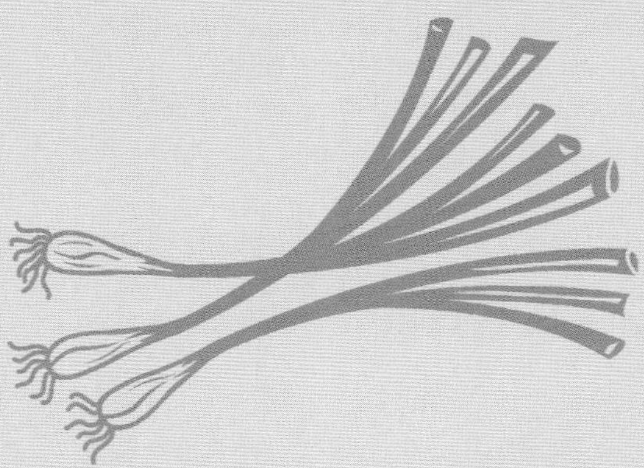

LIMONADEN-HÜHNCHEN

Ein schönes kaltes Glas Limonade an einem heißen Sommertag – gibt es etwas Erfrischenderes? Genau das war die Inspiration für eine weitere Variante des Bierdosen-Huhns: Ein Huhn, das auf einer offenen Limonadendose gegrillt wird. Der Rub wird mit Limonadenpulver (der heimlichen Zutat in vielen Kansas-City-Rubs) zubereitet, während in der Barbecuesauce Limonade, Rohrzucker und Senf kombiniert werden.

Limonaden-Rub:

1 EL Limonadenpulver
1 EL Rohrzucker
1 EL Paprikapulver
2 TL geräuchertes Salz (Hickory)
1 TL Zitronenpfeffer
1 TL Knoblauchpulver
1 TL Zwiebelpulver
¼ TL Selleriesamen

1 Dose (0,33 l) Limonade
1 Huhn (1 ¾–2 kg)
2 TL Pflanzenöl
Limonaden-Senfsauce (Rezept folgt)

Sie benötigen weiterhin:

2 Tassen Chunks oder Chips (am besten Hickory oder Eiche), 1 Stunde in Wasser eingeweicht und abgegossen
1 Hühnersitz (optional)

1 Zubereitung des Rubs: Das Limonadenpulver, den Zucker, das Paprikapulver, das Räuchersalz, den Zitronenpfeffer, das Knoblauch- und das Zwiebelpulver sowie die Selleriesamen in einer kleinen Schüssel sorgfältig mischen.

2 Die Limonadendose öffnen, die Hälfte des Getränks in einen Messbecher gießen und für später reservieren. Wird das Huhn auf der Dose zubereitet, 2 weitere Löcher in den Deckel bohren.

3 Das Paket mit den Innereien aus dem Huhn nehmen und beiseite legen. Überschüssiges Fett in den Körperöffnungen entfernen. Das Huhn unter fließend kaltem Wasser abspülen und innen und außen mit einem Papiertuch trocken tupfen. Nun 1 TL Rub in die große Körperhöhle und ½ TL Rub in die Halsöffnung streuen. Die Haut rundherum dünn einölen, mit 1 EL Rub bestreuen und diesen leicht einmassieren. 2 TL Rub für die Sauce aufbewahren, den restlichen Rub in die offene Dose streuen.

4 Wenn auf der Dose gegrillt wird: Das Huhn senkrecht halten und vorsichtig auf die Dose setzen. Die Keulen anschließend nach vorne ziehen, sodass das Ganze eine Art Dreifuß bildet und das Huhn aufrecht stehen bleibt.

Wenn auf einem Hühnersitz gegrillt wird: Die Limonadenmischung einfüllen und das Huhn gemäß Anweisungen des Herstellers positionieren.

5 Die Flügel hinter dem Rücken feststecken.

6 Den Grill für indirektes Grillen einrichten (siehe S. 19 für Holzkohle und Gas) und auf mittlere Temperatur (160–180 °C) vorheizen. Beim Holzkohlegrill eine große Fettpfanne in die Mitte stellen. Beim Gasgrill die Chunks oder Chips in die Smokebox oder in eine Räuchertasche (siehe S. 20) legen und bei starker Hitze vorheizen, bis sich Rauch bildet, dann die Temperatur im Garraum auf 160–180 °C reduzieren.

7 Sobald es losgehen kann: Beim Holzkohlegrill das Holz zum Smoken auf die Kohlen geben und das Huhn in die Mitte des heißen Grillrostes über die Fettpfanne stellen. Den Grill schließen und das Huhn 1 ¼–1 ½ Stunden grillen, bis die Haut außen schön gebräunt und sehr knusprig ist. Das Fleisch ist gar, wenn das Kernthermometer am dicksten Teil der Keule, ohne den Knochen zu berühren, eine Kerntemperatur von 82 °C anzeigt (siehe S. 30 für andere Möglichkeiten zur Überprüfung des Garzustandes). Der Holzkohlegrill benötigt nach 1 Stunde 12 frische Kohlen pro Seite. Wird das Huhn zu braun, locker mit Alufolie abdecken.

8 Wenn auf der Dose gegrillt wird: Das Huhn mit einer Grillzange vorsichtig an der Dose anfassen und aufrecht auf einen Servierteller stellen.

Wenn auf einem Hühnersitz gegrillt wird: Das Huhn mithilfe von feuerfesten Handschuhen mit dem Hühnersitz aus dem Grill holen.

9 Präsentation Ihres Meisterwerkes: Das Huhn 5 Minuten ruhen lassen und dann vorsichtig die Dose entfernen, ohne die kochend heiße Limonade zu verschütten! Das Huhn halbieren, vierteln oder anderweitig aufschneiden und mit der Limonaden-Senfsauce servieren.

Ergibt 2–4 Portionen

Kauftipps!

Limonade in der Dose gibt es in vielen Supermärkten. Greifen Sie, wenn möglich, zu einer Sorte mit Zitronensaft.
Geräuchertes Salz und Zitronenpfeffer finden Sie in den meisten gut sortierten Supermärkten. Sollten Sie Probleme haben, nehmen Sie einfach Salz und Pfeffer.

LIMONADEN-SENFSAUCE

Was als einfache Senfsauce in bester South-Carolina-Tradition begann, entwickelte sich durch die Zugabe von Zitronensaft, Zitronenabrieb und Limonade rasch zu einer Delikatesse. Die Sauce passt hervorragend zu Geflügel, Schweinefleisch und gegrilltem Fisch wie Lachs oder Schwertfisch.

1 Die Butter bei mittlerer Hitze in einem Topf schmelzen. Die Schalotten darin 4 Minuten leicht bräunen.

2 Mit der Limonade aufgießen, die Temperatur erhöhen und das Ganze ca. 5 Minuten einkochen.

3 Den Zucker, den Senf, den Zitronensaft und den Zitronenabrieb unterrühren. Die Temperatur wieder reduzieren und die Sauce 5 Minuten köcheln, bis sie dick und aromatisch ist. Dabei gelegentlich umrühren. Mit Salz, Pfeffer und ggf. mehr Zitronensaft abschmecken.

Ergibt ca. 200 ml

1 EL Butter
2–3 Schalotten oder 1 kleine Zwiebel, fein gehackt
160 ml Limonade (vom Limonaden-Hühnchen reserviert)
90 g heller Rohrzucker
6 EL Dijonsenf
3 EL (oder mehr) Zitronensaft, frisch gepresst
½ TL Zitronenabrieb
Meersalz und frisch gemahlener schwarzer Pfeffer

THAI-KOKOSHUHN

Rub:

1 EL Korianderpulver
1 EL Meersalz
1 EL schwarzer Pfeffer, frisch gemahlen
2 Knoblauchzehen, fein gehackt
2 EL frischer Koriander, fein gehackt
1 EL frisches Zitronengras, fein gehackt oder 1 TL Zitronenabrieb
1 EL frischer Ingwer, geschält und fein gehackt
3–4 EL Pflanzenöl

1 Dose (ca. 400 ml) Kokosmilch
1 Stange Zitronengras, geputzt (siehe Hinweis) oder 2 Streifen Zitronenabrieb (5 x 1 cm)
1 Huhn (1 ¾–2 kg)
Kokos-Erdnusssauce (Rezept folgt)

Sie benötigen weiterhin:

2 Tassen Chunks oder Chips (am besten Eiche oder Apfel), 1 Stunde in Wasser eingeweicht und abgegossen
1 saubere, leere 0,33-l-Dose mit 2 extra Löchern im Deckel oder einen Hühnersitz (optional)

Ich bin sicher nicht allein, wenn ich Kokosmilch zu einer meiner liebsten Zutaten beim Barbecue erkläre. Im ganzen südostasiatischen Raum wird die „Sahne der Tropen" für Marinaden, Glazes und Barbecuesaucen verwendet. Ich liebe das tropische Aroma und die Tatsache, dass das Grillgut durch den hohen Fettgehalt schön saftig bleibt. Bei diesem Rezept wird Kokosmilch dreifach eingesetzt: als Flüssigkeit zum Dämpfen in der Dose, als Glaze für das Huhn und zur Verfeinerung der Erdnuss-Barbecuesauce. Da Thais nicht viel vom Smoken halten, sind Holzchips diesmal optional.

Weitere Vorbereitung:
1 Stunde für das Marinieren einplanen

1 Zubereitung des Wet-Rubs: Das Korianderpulver, das Salz, den Pfeffer, die Knoblauchzehen, den Koriander, das Zitronengras und den Ingwer in einem Mixer pürieren. Gerade so viel Öl dazugeben, dass eine Art Paste entsteht.

2 Die Dose Kokosmilch kräftig schütteln. 60 ml Kokosmilch und 1 EL des Wet-Rubs in einer Schüssel verrühren und beiseite stellen. Damit wird das Huhn später bepinselt. Anschließend 160 ml Kokosmilch mithilfe eines Trichters in die leere Dose oder den Hühnersitz füllen. Den Zitronengrasstängel dazugeben und das Ganze beiseite stellen.

3 Das Paket mit den Innereien aus dem Huhn nehmen und beiseite legen. Überschüssiges Fett in den Körperöffnungen entfernen. Das Huhn unter fließend kaltem Wasser abspülen und innen und außen mit einem Papiertuch trocken tupfen. Das Huhn nun innen und außen mit dem Wet-Rub einreiben, in eine abgedeckte Schüssel oder einen wiederverschließbaren Plastikbeutel geben und 1 Stunde im Kühlschrank ruhen lassen.

Tipp!

Zitronengras ist ein asiatisches Gewürz mit langen, schlanken, faserigen Stängeln. Sein Aroma ist zitronig-parfümiert und krautig, aber kein bisschen sauer. Sie können es im Zweifelsfall durch Zitronenschalen ersetzen.

4 Wenn auf der Dose gegrillt wird: Das Huhn senkrecht halten und vorsichtig auf die Bierdose setzen. Die Keulen anschließend nach vorne ziehen, sodass das Ganze eine Art Dreifuß bildet und das Huhn aufrecht stehen bleibt.

Wenn auf einem Hühnersitz gegrillt wird: Die Biermischung einfüllen und das Huhn gemäß Anweisungen des Herstellers positionieren.

5 Die Flügel hinter dem Rücken feststecken.

6 Den Grill für indirektes Grillen einrichten (siehe S. 19 für Holzkohle und Gas) und auf mittlere Temperatur (160–180 °C) vorheizen. Beim Holzkohlegrill eine große Fettpfanne in die Mitte stellen. Beim Gasgrill die Chunks oder Chips ggf. in die Smokebox oder in eine Räuchertasche (siehe S. 20) legen und bei starker Hitze vorheizen, bis sich Rauch bildet, dann die Temperatur im Garraum auf 160–180 °C reduzieren.

7 Sobald es losgehen kann: Beim Holzkohlegrill ggf. das Holz zum Smoken auf die Kohlen geben und das Huhn in die Mitte des heißen Grillrostes über die Fettpfanne stellen. Den Grill schließen und das Huhn 1 ¼–1 ½ Stunden grillen, bis die Haut außen schön gebräunt und sehr knusprig ist. Das Fleisch ist gar, wenn das Kernthermometer am dicksten Teil der Keule, ohne den Knochen zu berühren, eine Kerntemperatur von 82 °C anzeigt (siehe S. 30 für andere Möglichkeiten zur Überprüfung des Garzustandes). Das Huhn nach 45 Minuten (und dann alle 15 Minuten) vorsichtig mit der Kokosmilchmischung bepinseln. Wird ein Holzkohlegrill verwendet, so benötigt dieser nach 1 Stunde 12 frische Kohlen pro Seite. Wird das Huhn zu braun, locker mit Alufolie abdecken.

8 Wenn auf der Dose gegrillt wird: Das Huhn mit einer Grillzange vorsichtig an der Dose anfassen und aufrecht auf einen Servierteller stellen.

Wenn auf einem Hühnersitz gegrillt wird: Das Huhn mithilfe von feuerfesten Handschuhen mit dem Hühnersitz aus dem Grill holen.

9 Präsentation Ihres Meisterwerkes: Das Huhn 5 Minuten ruhen lassen und dann vorsichtig die Bierdose entfernen, ohne die kochend heiße Kokosmilch zu verschütten! Das Huhn halbieren, vierteln oder anderweitig aufschneiden und mit der Kokos-Erdnusssauce servieren.

Ergibt 2–4 Portionen

Tipp!

Kokosmilch gibt es meist in Dosen mit 400 ml Inhalt, die etwas zu groß für ein Huhn sind. Sie können die Flüssigkeit aber ganz einfach in eine saubere, leere Bierdose umfüllen. Kokosmilch finden Sie in gut sortierten Supermärkten, aber auch in Asialäden. Sie müssen auf alle Fälle ungesüßte Kokosmilch verwenden, nicht die süße Variante, mit der man Piña Colada mixt.

Hinweis

Beim Zitronengras schneiden Sie die Wurzel und die oberen, grünen Blattenden ab, sodass ein etwa 8–12 cm langes Stück übrig bleibt. Entfernen Sie die äußeren Blätter. Der verwendete Kern sollte hellgrün bis beige sein.

KOKOS-ERDNUSSSAUCE

Wenn Sie in Indonesien, Singapur, Malaysia oder Thailand gegrilltes Huhn bestellen, wird Ihnen garantiert diese Sauce serviert. Durch die Erdnussbutter wird sie nussig und cremig, während ihr Schalotten, Ingwer und Chilis eine kräftige Würze verleihen. Lassen Sie sich von den vielen Zutaten nicht abschrecken – die Sauce ist in weniger als 15 Minuten zubereitet.

- 2 EL Pflanzenöl
- 2–3 Schalotten, fein geschnittenen
- 2 Knoblauchzehen, fein gehackt
- 1 EL frischer Ingwer, geschält und fein gehackt
- 1–2 Thai-Chilis bzw. Serranos oder Jalapeños, Kerne entfernt und fein gehackt (soll die Sauce schärfer werden, die Kerne nicht entfernen)
- 1 TL Korianderpulver
- 180 ml Kokosmilch (vom Thai-Kokoshuhn reserviert)
- 250 g Erdnussbutter mit Stücken
- 2 EL (oder mehr) Sojasauce oder asiatische Fischsauce
- 1 EL Limettensaft, frisch gepresst, plus mehr zum Abschmecken
- 2 TL Zucker
- ½ TL schwarzer Pfeffer, frisch gemahlen
- 2 EL frischer Koriander, gehackt

1 Das Öl in einem Wok oder einer tiefen Pfanne stark erhitzen. Die Schalotten, den Knoblauch, den Ingwer, die Chilis und das Korianderpulver darin unter ständigem Rühren (mit einem Holzlöffel) ca. 3 Minuten goldbraun braten.

2 Die Kokosmilch unterrühren und das Ganze aufkochen. Anschließend die Erdnussbutter, die Sojasauce, den Limettensaft, den Zucker und den Pfeffer dazugeben, die Temperatur reduzieren und alles etwa 5 Minuten köcheln, bis die Sauce dick und aromatisch ist. Den frischen Koriander unterheben und eine weitere Minute köcheln. Nun mit Salz, Pfeffer und weiterem Limettensaft abschmecken. Bei Raumtemperatur servieren. Zugedeckt im Kühlschrank aufbewahrt hält sich die Sauce etwa 3 Tage. Vor dem Servieren wieder leicht erwärmen und gut umrühren.

Ergibt ca. 500 ml

Tipp!

Fischsauce ist eine stark riechende Sauce aus fermentierten Anchovis. Sie ist hier optional – Sie können auch Sojasauce verwenden.

EISTEE-HÜHNCHEN

Denken Sie quer – diese topaktuelle Businessphilosophie passt auch gut zum Barbecue. Sweet Tea (sehr süßer Eistee) ist in Barbecueläden in Texas und den Südstaaten derart beliebt, dass mir die Idee kam, Eisteepulver als Rubzutat zu verwenden und das Huhn auf einer Dose Eistee zu grillen. Sie finden, das klingt frevelhaft? Das ist frevelhaft! Aber frevelhaftes Verhalten sollte ein erklärtes Ziel aller guten Pitmaster sein. Außerdem werden Sie erstaunt sein, wie gut sich der Teegeschmack mit Rauch und Gewürzen paart.

Rub:

1 EL Eisteepulver
1 EL Paprikapulver
2 TL Korianderpulver
1 TL Zucker
1 TL Meersalz
½ TL schwarzer Pfeffer, frisch gemahlen
½ TL Knoblauchpulver
¼ TL Selleriesamen

1 Dose (0,33 l) Eistee (oder eine leere, saubere Dose verwenden)
1 Huhn (1 ¾–2 kg)
2 TL Pflanzenöl

Eistee-Barbecuesauce (Rezept folgt)

Sie benötigen weiterhin:

2 Tassen Chunks oder Chips (am besten Hickory oder Kirsche), 1 Stunde in Wasser eingeweicht und abgegossen
1 Hühnersitz (optional)

1 Zubereitung des Rubs: Das Eisteepulver, das Paprikapulver, das Korianderpulver, den Zucker, das Salz, den Pfeffer, das Knoblauchpulver und die Selleriesamen in einer kleinen Schüssel mischen.

2 Die Eisteedose öffnen, die Hälfte des Getränks in einen Messbecher gießen und für die Sauce aufbewahren. Wird das Huhn auf der Dose zubereitet, 2 weitere Löcher in den Deckel bohren.

3 Das Paket mit den Innereien aus dem Huhn nehmen und beiseite legen. Überschüssiges Fett in den Körperöffnungen entfernen. Das Huhn unter fließend kaltem Wasser abspülen und innen und außen mit einem Papiertuch trocken tupfen. Nun 1 TL Rub in die große Körperhöhle und ½ TL Rub in die Halsöffnung streuen. Die Haut rundherum dünn einölen, mit 1 EL Rub bestreuen und diesen leicht einmassieren. Den restlichen Rub in die offene Eisteedose streuen.

4 Wenn auf der Dose gegrillt wird: Das Huhn senkrecht halten und vorsichtig auf die Dose setzen. Die Keulen anschließend nach vorne ziehen, sodass das Ganze eine Art Dreifuß bildet und das Huhn aufrecht stehen bleibt.

Wenn auf einem Hühnersitz gegrillt wird: Die Eisteemischung einfüllen und das Huhn gemäß Anweisungen des Herstellers positionieren.

5 Die Flügel hinter dem Rücken feststecken.

Geschmack
PEACH
Lipton
SPARKLING

Tipp!

Achten Sie unbedingt auf Eisteepulver mit richtigem Zucker, keinem Süßstoff, sonst bekommt das Huhn einen chemischen Beigeschmack.

6 Den Grill für indirektes Grillen einrichten (siehe S. 19 für Holzkohle und Gas) und auf mittlere Temperatur (160–180 °C) vorheizen. Beim Holzkohlegrill eine große Fettpfanne in die Mitte stellen. Beim Gasgrill die Chunks oder Chips in die Smokebox oder in eine Räuchertasche (siehe S. 20) legen und bei starker Hitze vorheizen, bis sich Rauch bildet, dann die Temperatur im Garraum auf 160–180 °C reduzieren.

7 Sobald es losgehen kann: Beim Holzkohlegrill das Holz zum Smoken auf die Kohlen geben und das Huhn in die Mitte des heißen Grillrostes über die Fettpfanne stellen. Den Grill schließen und das Huhn 1 ¼–1 ½ Stunden grillen, bis die Haut außen schön gebräunt und sehr knusprig ist. Das Fleisch ist gar, wenn das Kernthermometer am dicksten Teil der Keule, ohne den Knochen zu berühren, eine Kerntemperatur von 82 °C anzeigt (siehe S. 30 für andere Möglichkeiten zur Überprüfung des Garzustandes). Der Holzkohlegrill benötigt nach 1 Stunde 12 frische Kohlen pro Seite. Wird das Huhn zu braun, locker mit Alufolie abdecken.

8 Wenn auf der Eisteedose gegrillt wird: Das Huhn mit einer Grillzange vorsichtig an der Dose anfassen und aufrecht auf einen Servierteller stellen.

Wenn auf einem Hühnersitz gegrillt wird: Das Huhn mithilfe von feuerfesten Handschuhen mit dem Hühnersitz aus dem Grill holen.

9 Präsentation Ihres Meisterwerkes: Das Huhn 5 Minuten ruhen lassen und dann vorsichtig die Dose entfernen, ohne den kochend heißen Eistee zu verschütten! Das Huhn halbieren, vierteln oder anderweitig aufschneiden und mit der Eistee-Barbecuesauce servieren.

Ergibt 2-4 Portionen

EISTEE-BARBECUESAUCE

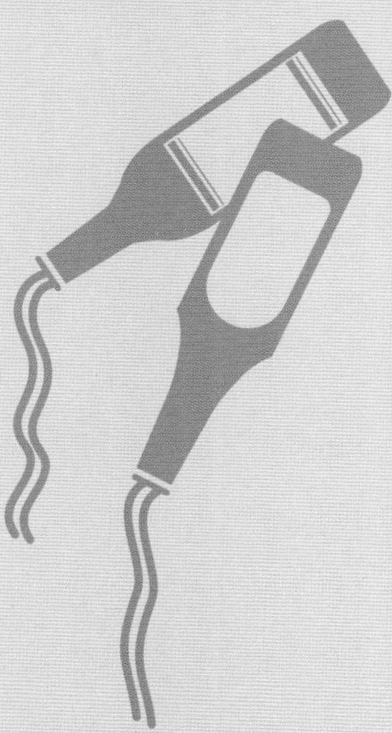

In den Annalen des Barbecues gab es schon so manche seltsame Barbecuesauce. Diese mag zunächst wirklich extrem wirken; tatsächlich hat Eistee aus der Dose aber viel mit dem Geschmacksprofil einer guten Barbecuesauce gemein. Er ist süß, er ist würzig und aromatisch. Was will man mehr? Denken Sie mal daran, wie Ihre Gäste staunen werden, wenn Sie offenbaren, was in Ihrer tollen Barbecuesauce steckt!

- 160 ml Eistee (vom Eistee-Hühnchen reserviert)
- 180 ml Ketchup
- 2 EL Worcestershiresauce
- 2 EL A1 Steaksauce
- 2 EL (oder mehr) Rohrzucker
- 1 EL (oder mehr) Zitronensaft, frisch gepresst
- ½ TL Flüssigrauch
- ½ TL Zwiebelpulver
- ½ TL Knoblauchpulver
- ½ TL schwarzer Pfeffer, frisch gemahlen
- 60 ml Wasser

1 Den Eistee, den Ketchup, die Worcestershiresauce, die Steaksauce, den Zucker, den Zitronensaft, den Flüssigrauch, das Zwiebelpulver, das Knoblauchpulver und den Pfeffer mit dem Wasser in einem Topf bei mittelhoher Temperatur langsam aufkochen.

2 Die Temperatur reduzieren und die Sauce 6–8 Minuten einkochen lassen, bis sie dick und aromatisch ist. Mit Rohrzucker und Zitronensaft abschmecken; die Sauce sollte stark gewürzt sein. Ist sie zu dick oder intensiv, etwas Wasser unterrühren.

3 Die Sauce in eine Schüssel gießen und auf Raumtemperatur abkühlen lassen. Sollte Sauce übrig bleiben, hält sich diese zugedeckt im Kühlschrank aufbewahrt mehrere Wochen. Vor dem Servieren wieder leicht erwärmen.

Ergibt ca. 350 ml

ANDERES GEFLÜGEL AUF DER DOSE

Für mich ist das Bierdosen-Hühnchen eine Art Lebenseinstellung, d. h., ich nutze diese Zubereitungsmethode für jede Art von Geflügel, von winzigen Wachteln bis zu riesigen Puten. Das Geheimnis liegt in der Auswahl des richtigen Getränks sowie der passenden Dosengröße. Eine 200-ml-Prosseco-Dose ist gerade klein genug für einen kleinen Vogel wie die Wachtel, während Sie z. B. auf eine 1-l-Dose der australischen Brauerei Fosters oder auf eine Faxe-Dose durchaus eine ganze Thanksgiving-Pute setzen können. In diesem Kapitel finden Sie außerdem noch ein Rezept für Ente auf einem „tall boy", einer 500-ml-Dose, ein paar Stubenküken auf der Bierdose sowie ein Rebhuhn mit Birnennektar. Wer sagt denn, dass die Bierdosenmethode nur für Hühnchen geeignet ist? Hier ist ein ganz neues Spiel, mit ganz neuen Spielern.

WÜRZIG

WACHTEL MIT ANANASSAFT

Das traut er sich nicht – das macht er doch nicht wirklich, oder? Der Anstand verbietet es uns doch wohl, so ein zartes Vögelchen auf eine Bierdose zu zwingen, oder? Das stimmt natürlich, aber was spricht gegen eine kleine saubere Prosecco-Dose mit nur 200 ml Inhalt, in die Ananassaft gefüllt wird? Ananassaft ist auf Hawaii eine unerlässliche Barbecuezutat und in eine Barbecuesauce für Wachteln passt er großartig. Die kleinen Soldaten, aufgereiht auf ihren Saftdosen sehen extrem cool aus und werden Ihre Gäste schwer beeindrucken.

1,5 l Ananassaft
2 EL dunkles Sesamöl oder Pflanzenöl, plus Pflanzenöl zum Einölen der Dosen
8 Wachteln (insgesamt 1 kg)
Meersalz und frisch gemahlener schwarzer Pfeffer
Ananassauce (Rezept folgt)
8 saubere Prosecco-Dosen (200 ml)

Sie benötigen weiterhin:
2 Tassen Chunks oder Chips (am besten Apfel oder Kirsche), 1 Stunde in Wasser eingeweicht und abgegossen
1 Geflügelschere (optional)

1 Die Prosecco-Dosen reinigen und 6 EL Saft pro Dose (insgesamt ca. 750 ml) in einen großen Topf für die Sauce gießen. In jede Dose ein zusätzliches Loch bohren und den restlichen Saft auf die Dosen verteilen. Anschließend die Außenseiten der Dosen großzügig einölen (so lassen sich die Wachteln später einfacher entfernen) und beiseite stellen.

2 Die Wachteln unter kaltem Wasser abspülen, trocken tupfen und innen großzügig mit Salz und Pfeffer würzen. Außen mit etwas Sesamöl bepinseln und dann mit Salz und Pfeffer einreiben.

3 Die Wachteln aufrecht auf die Dosen setzen, das erfordert etwas Geschick. Im Zweifelsfall am Schwanz rechts und links des Rückgrats Einschnitte bis zur Hälfte des Rückens machen. Dann die Flügel hinter dem Rücken feststecken.

Tipp!

Wachteln werden fast immer tiefgefroren verkauft, deshalb sollten Sie die Vögel einen Tag im Voraus kaufen und im Kühlschrank auftauen lassen. Eventuell müssen Sie mit einer Geflügelschere Einschnitte an beiden Seiten der Wirbelsäule vornehmen, damit die Wachteln auf die Dose passen.

4 Den Grill für indirektes Grillen einrichten (siehe S. 19 für Holzkohle und Gas) und auf mittlere Temperatur (160–180 °C) vorheizen. Beim Holzkohlegrill eine große Fettpfanne in die Mitte stellen. Beim Gasgrill die Chunks oder Chips in die Smokebox oder in eine Räuchertasche (siehe S. 20) legen und bei starker Hitze vorheizen, bis sich Rauch bildet, dann die Temperatur im Garraum auf 160–180 °C reduzieren.

5 Sobald es losgehen kann: Beim Holzkohlegrill das Holz zum Smoken auf die Kohlen geben und die Wachteln in die Mitte des heißen Grillrostes über die Fettpfanne stellen. Die Keulen der Wachteln reichen nicht bis auf den Rost, deshalb müssen die Dosen sorgfältig platziert werden. Den Grill schließen und die Vögelchen 20–30 Minuten grillen, bis die Haut außen schön gebräunt und sehr knusprig ist. Das Fleisch ist gar, wenn sich die Brust fest anfühlt (siehe S. 30 für andere Möglichkeiten zur Überprüfung des Garzustandes). Werden die Wachteln zu braun, locker mit Alufolie abdecken.

6 Die fertigen Wachteln mit einer Grillzange vorsichtig an der Dose anfassen und zur Präsentation nebeneinander auf einen Servierteller stellen. Anschließend 5 Minuten ruhen lassen und dann vorsichtig mithilfe von Küchenhandschuhen von den Dosen heben (eventuell müssen sie dabei leicht hin- und hergedreht werden), ohne den kochend heißen Saft zu verschütten! Die Wachteln werden im Ganzen serviert, 2 Stück pro Person. Dazu die Ananassauce reichen.

Ergibt 4 Portionen

ANANASSAUCE

Süß, sauer, fruchtig, mit einem unverkennbaren Aroma – Ananassaft hat das perfekte Geschmacksprofil für eine Barbecuesauce. Diese Sauce weist asiatische Akzente auf und Sie können sie so mild oder scharf machen, wie Sie mögen, je nachdem, wie viel Chilisauce Sie verwenden.

750 ml Ananassaft (von Wachtel mit Ananassaft reserviert)
3 EL Rohrzucker
2 EL Sojasauce
1–3 TL Sriracha (thailändische Chilisauce) oder eine andere Chili-Sauce
2 EL frischer Koriander, fein gehackt
1 EL frischer Ingwer, geschält und fein gehackt
2 EL Butter
Meersalz und frisch gemahlener schwarzer Pfeffer

1 Den Ananassaft, den Zucker, die Sojasauce, die Chili-Sauce, den Koriander und den Ingwer in einem großen Topf bei starker Hitze aufkochen. Anschließend die Temperatur reduzieren und die Sauce 15–20 Minuten köcheln, bis sie dick und aromatisch ist. Dabei gelegentlich umrühren.

2 Den Topf vom Herd nehmen und die Butter unterrühren. Mit Salz und Pfeffer abschmecken.

Ergibt ca. 500 ml

WACHTEL AUF DEM THRON

Was haben die armen Pflaumen nur getan, dass sie in den USA so verachtet werden? Europäer haben ihnen gegenüber eine ganz andere Einstellung – in Italien isst man Pflaumeneis, Kroaten trinken Pflaumenschnaps und Franzosen verzehren Pflaumen in allem möglichen, von Ente über Joghurt bis zum Armagnac. Tatsächlich ist die Pflaume eine wunderbare Frucht und in diesem Rezept wird sie auch so behandelt. Sie werden sehen, Pflaumensaft mit seinem intensiven, erdigen Aroma macht sich hervorragend in der Barbecuesauce.

Rub:

1 EL Meersalz
1 EL Rohrzucker
1 ½ TL schwarzer Pfeffer, frisch gemahlen
1 ½ TL Korianderpulver
1 TL Zimt

1,5 l Pflaumensaft
8 Wachteln (insgesamt 1 kg)
2 EL Walnussöl oder Olivenöl
Pflanzenöl zum Einölen der Dosen
Zimt-Pflaumenssauce (Rezept folgt)
8 saubere Prosecco-Dosen (200 ml)

Sie benötigen weiterhin:

2 Tassen Chunks oder Chips (am besten Hickory oder Eiche), 1 Stunde in Wasser eingeweicht und abgegossen
1 Geflügelschere (optional)

1 Zubereitung des Rubs: Das Salz, den Zucker, den Pfeffer, das Korianderpulver und den Zimt in einer kleinen Schüssel mischen.

2 Die Prosecco-Dosen reinigen und 6 EL Saft pro Dose (insgesamt ca. 750 ml) in einen großen Topf für die Sauce gießen. In jede Dose ein zusätzliches Loch bohren und den restlichen Saft auf die Dosen verteilen. Anschließend die Außenseiten der Dosen großzügig einölen (so lassen sich die Wachteln später einfacher entfernen) und beiseite stellen.

3 Die Wachteln unter kaltem Wasser abspülen, trocken tupfen und innen mit etwas Rub würzen. Außen mit etwas Walnussöl bepinseln und dann mit dem restlichen Rub einreiben.

4 Die Wachteln aufrecht auf die Dosen setzen, das erfordert etwas Geschick. Im Zweifelsfall am Schwanz rechts und links des Rückgrats Einschnitte bis zur Hälfte des Rückens machen. Dann die Flügel hinter dem Rücken feststecken.

Tipp!

Das zarte Aroma des Walnussöls passt hervorragend zu Pflaumen. Sie finden es in Feinkostläden oder gut sortierten Supermärkten. Im Zweifelsfall können Sie Olivenöl verwenden.

5 Den Grill für indirektes Grillen einrichten (siehe S. 19 für Holzkohle und Gas) und auf mittlere Temperatur (160–180 °C) vorheizen. Beim Holzkohlegrill eine große Fettpfanne in die Mitte stellen. Beim Gasgrill die Chunks oder Chips in die Smokebox oder in eine Räuchertasche (siehe S. 20) legen und bei starker Hitze vorheizen, bis sich Rauch bildet, dann die Temperatur im Garraum auf 160–180 °C reduzieren.

6 Sobald es losgehen kann: Beim Holzkohlegrill das Holz zum Smoken auf die Kohlen geben und die Wachteln in die Mitte des heißen Grillrostes über die Fettpfanne stellen. Die Keulen der Wachteln reichen nicht bis auf den Rost, deshalb müssen die Dosen sorgfältig platziert werden. Den Grill schließen und die Vögelchen 20–30 Minuten grillen, bis die Haut außen schön gebräunt und sehr knusprig ist. Das Fleisch ist gar, wenn sich die Brust fest anfühlt (siehe S. 30 für andere Möglichkeiten zur Überprüfung des Garzustandes). Werden die Wachteln zu braun, locker mit Alufolie abdecken.

7 Die fertigen Wachteln mit einer Grillzange vorsichtig an der Dose anfassen und zur Präsentation nebeneinander auf einen Servierteller stellen. Anschließend 5 Minuten ruhen lassen und dann vorsichtig mithilfe von Grillhandschuhen von den Dosen heben (eventuell müssen sie dabei leicht hin- und hergedreht werden), ohne den kochend heißen Saft zu verschütten! Die Wachteln werden im Ganzen serviert, 2 Stück pro Person. Dazu die folgende Zimt-Pflaumensauce reichen.

Ergibt 4 Portionen

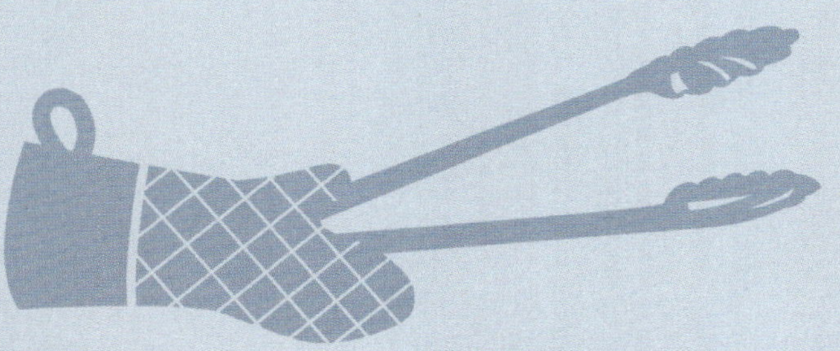

ZIMT-PFLAUMENSAUCE

Pflaumensaft erscheint als seltsame Zutat für eine Barbecuesauce, bis man sich klar macht, dass er tatsächlich süß und fruchtig ist und der Sauce eine interessante Note verleihen kann. Kurz gesagt, das Geschmacksprofil ist für eine Barbecuesauce geradezu perfekt.

750 ml Pflaumensaft (von Wachtel auf dem Thron reserviert)
2 Zimtstangen (je 8 cm)
2 EL Hoisin-Sauce
2 EL Honig
2 EL Rohrzucker
2 EL Zitronensaft, frisch gepresst
2 EL Ketchup
½ TL Flüssigrauch
2 EL Butter
Meersalz und frisch gemahlener schwarzer Pfeffer

1 Den Pflaumensaft, die Zimtstangen, die Hoisin-Sauce, den Honig, den Zucker, den Zitronensaft, den Ketchup und den Flüssigrauch in einem großen Topf bei mittelhoher Temperatur aufkochen und dann etwa 10 Minuten köcheln, bis die Sauce dick und aromatisch ist. Dabei gelegentlich umrühren.

2 Den Topf vom Herd nehmen, die Zimtstangen entfernen und die Butter unterrühren. Anschließend mit Salz und Pfeffer abschmecken. Ist die Sauce zu dick oder intensiv, mit etwas Wasser verdünnen. Zugedeckt im Kühlschrank aufbewahrt hält sich die Sauce bis zu 2 Wochen. Vor dem Servieren wieder leicht erwärmen.

Ergibt ca. 500 ml

REBHUHN MIT BIRNENSAFT

Das dunkle, intensive Fleisch des Rebhuhns ist, wie bei Wild meist üblich, recht mager. Die Herausforderung liegt also darin, es so zuzubereiten, dass es trotzdem saftig bleibt. Und wie könnte man das besser erreichen, als durch die Zubereitung auf einer Dose Fruchtsaft? Wild passt sehr gut zu Herbstfrüchten, deshalb kam ich auf die Idee, dieses Rebhuhn mit einer Birnensaft-Barbecuesauce zu paaren. Ich denke, Sie werden die Kombination unwiderstehlich finden.

4 Rebhühner (je 400 g)
Meersalz und frisch gemahlener schwarzer Pfeffer
4 Lorbeerblätter
6 EL gesalzene Butter, geschmolzen
600 ml Birnennektar
Pflanzenöl zum Einölen der Dosen
Birnensauce (Rezept folgt)
4 saubere Prosecco-Dosen (200 ml)

Sie benötigen weiterhin:
2 Tassen Chunks oder Chips (am besten Apfel oder Kirsche), 1 Stunde in Wasser eingeweicht und abgegossen
1 Geflügelschere (optional)

1 Die Rebhühner unter fließend kaltem Wasser abspülen und innen und außen mit einem Papiertuch trocken tupfen. Die Körperhöhlen mit Salz und Pfeffer würzen und je ein Lorbeerblatt hinein legen. Anschließend außen mit der geschmolzenen Butter bepinseln und großzügig mit Salz und Pfeffer einreiben.

2 Die Prosecco-Dosen reinigen und 300 ml Birnennektar in einen großen Topf für die Sauce gießen. In jede Dose ein zusätzliches Loch bohren und den restlichen Birnennektar auf die Dosen verteilen. Anschließend die Außenseiten der Dosen großzügig einölen.

3 Die Rebhühner aufrecht auf die Dosen setzen, das erfordert etwas Geschick. Im Zweifelsfall am Schwanz rechts und links des Rückgrats Einschnitte bis zur Hälfte des Rückens machen.

Tipp!

Rebhühner sind nur saisonal erhältlich (nicht im Sommer). Sollten Sie keine finden, schmeckt das Rezept auch sehr gut mit Huhn oder Stubenküken.

4 Den Grill für indirektes Grillen einrichten (siehe S. 19 für Holzkohle und Gas) und auf mittlere Temperatur (160–180 °C) vorheizen. Beim Holzkohlegrill eine große Fettpfanne in die Mitte stellen. Beim Gasgrill die Chunks oder Chips in die Smokebox oder in eine Räuchertasche (siehe S. 20) legen und bei starker Hitze vorheizen, bis sich Rauch bildet, dann die Temperatur im Garraum auf 160–180 °C reduzieren.

5 Sobald es losgehen kann: Beim Holzkohlegrill das Holz zum Smoken auf die Kohlen geben und die Rebhühner in die Mitte des heißen Grillrostes über die Fettpfanne stellen. Den Grill schließen und die Vögelchen 30 Minuten grillen, bis die Haut außen schön gebräunt und sehr knusprig ist. Das Fleisch ist gar, wenn das Kernthermometer am dicksten Teil der Keule, ohne den Knochen zu berühren, eine Kerntemperatur von 71 °C anzeigt (siehe S. 30 für andere Möglichkeiten zur Überprüfung des Garzustandes). Die Rebhühner 10 Minuten nach Beginn der Garzeit mit Butter bepinseln. Das Ganze nach Ende der Garzeit noch einmal wiederholen. Werden die Vögel zu braun, locker mit Alufolie abdecken.

6 Die fertigen Rebhühner mit einer Grillzange vorsichtig an der Dose anfassen und zur Präsentation nebeneinander auf einen Servierteller stellen. Anschließend 5 Minuten ruhen lassen und dann vorsichtig von den Dosen heben, ohne den kochend heißen Nektar zu verschütten! Die Rebhühner im Ganzen mit der Birnensauce servieren.

Ergibt 4 Portionen

BIRNENSAUCE

Diese Sauce hat ihre wunderbar erdige Fruchtigkeit dem Birnennektar zu verdanken, während die Butter das Rebhuhn schön saftig hält. Sie können den Birnenbrand auch durch weißen Rum ersetzen, obwohl der Birnenschnaps für eine Extraportion Geschmack sorgt.

- 300 ml Birnennektar (von Rebhuhn mit Birnensaft reserviert)
- 120 g gesalzene Butter, in 1-cm-Stücke geschnitten
- 125 ml Bier
- 80 ml Ketchup
- 3 EL Worcestershiresauce
- 3 EL Rohrzucker
- 2 EL Williams Christ Birne oder weißen Rum
- Meersalz und frisch gemahlener schwarzer Pfeffer
- Einige Tropfen Zitronensaft (optional)

1 Den Birnennektar in einem großen Topf bei starker Hitze aufkochen und dann 6–10 Minuten auf etwa 160 ml reduzieren.

2 Die Temperatur reduzieren und die Butter, das Bier, den Ketchup, die Worcestershiresauce, den Rohrzucker und den Birnenschnaps unterrühren. Die Sauce etwa 5 Minuten köcheln, bis sie dick und aromatisch ist. Anschließend mit Salz, Pfeffer und ggf. Zitronensaft abschmecken. Die Sauce kann warm oder bei Raumtemperatur serviert werden. Zugedeckt im Kühlschrank aufbewahrt hält sie sich mehrere Wochen. Vor dem Servieren wieder leicht erwärmen.

Ergibt ca. 300 ml

BIERDOSE TRIFFT AUF STUBENKÜKEN

Das Stubenküken ist eines der Barbecuegerichte in den Vereinigten Staaten, die völlig unter dem Radar fliegen. Durch seine kleine Statur erhalten Sie bei dem mageren Hühnchen jedoch eine wunderbare Haut zu Fleisch Rate. Ein Vogel ergibt eine Portion und sieht auf dem Teller sehr beeindruckend aus. Stubenküken haben auch noch einen weiteren Vorteil: Sie sind rascher gar als ausgewachsene Hühner (falls es einmal schnell gehen muss).

Rub:
1 EL Meersalz
1 EL Rohrzucker
1 EL Paprikapulver, edelsüß
2 TL schwarzer Pfeffer, frisch gemahlen
2 TL Senfpulver
1 TL Kreuzkümmelpulver
1 TL Knoblauchpulver
½ TL Cayennepfeffer

4 Dosen (0,25–0,33 l) Bier
4 Stubenküken (je ca. 500 g)
2 EL Olivenöl
Cola-Barbecuesauce (siehe S. 93), Cherry-Cola-Barbecuesauce (siehe S. 101) oder Ihre Lieblingssauce zum Servieren

Sie benötigen weiterhin:
2 Tassen Chunks oder Chips (am besten Eiche oder Hickory), 1 Stunde in Wasser und/oder Bier eingeweicht und abgegossen

1 Zubereitung des Rubs: Das Salz, den Zucker, das Paprikapulver, den Pfeffer, das Senfpulver, den Kreuzkümmel, das Knoblauchpulver und den Cayennepfeffer in einer kleinen Schüssel mischen und beiseite stellen.

2 Die Bierdosen öffnen, die Hälfte des Bieres ausgießen und z. B. zum Einweichen des Holzes verwenden oder für später aufbewahren. Anschließend 2 weitere Löcher in die Deckel bohren.

3 Gegebenenfalls das Paket mit den Innereien aus den Stubenküken nehmen und beiseite legen. Überschüssiges Fett in den Körperöffnungen entfernen. Die Küken unter fließend kaltem Wasser abspülen und innen und außen mit einem Papiertuch trocken tupfen. Nun ¾ TL Rub in die große Körperhöhle und ¼ TL Rub in die Halsöffnung streuen. Die Küken außen dünn einölen, mit je 1 ½ TL Rub bestreuen und diesen leicht einmassieren. Den restlichen Rub in den offenen Bierdosen verteilen. Keine Sorge, falls das Bier zu schäumen beginnt – das ist ganz normal.

Tipp!

Mein Vorschlag wären die Cola- oder Cherry-Cola-Barbecuesaucen; tatsächlich passt aber jede Sauce in diesem Buch gut zu den Stubenküken.

Tipp!

Die größte Herausforderung bei diesem Rezept liegt in der Suche nach einer kleinen Bierdose mit 250 ml Inhalt. Am ehesten erhalten Sie die Dosen im Getränkehandel oder auch in gut sortierten Supermärkten. Im schlimmsten Fall (der gar nicht so schlimm ist) nehmen Sie eine gewöhnliche Bierdose. Vielleicht müssen Sie dann ein bisschen sanfte Gewalt anwenden und die Keulen des Kükens reichen nicht bis zum Boden. Seien Sie beim Aufstellen der Dosen deshalb besonders vorsichtig, damit sie nicht umkippen. Egal wie, cool sieht das Stubenküken auf jeden Fall aus. Sie können nur gewinnen!

4 Das Küken senkrecht halten und vorsichtig auf die Bierdose setzen. Der Sitz ist mit Sicherheit enger als beim Huhn, deshalb müssen Sie eventuell ein bisschen sanfte Gewalt anwenden. Anschließend die Flügel hinter dem Rücken feststecken und das Ganze mit den anderen Küken wiederholen.

5 Den Grill für indirektes Grillen einrichten (siehe S. 19 für Holzkohle und Gas) und auf mittlere Temperatur (160–180 °C) vorheizen. Beim Holzkohlegrill eine große Fettpfanne in die Mitte stellen. Beim Gasgrill die Chunks oder Chips in die Smokebox oder in eine Räuchertasche (siehe S. 20) legen und bei starker Hitze vorheizen, bis sich Rauch bildet, dann die Temperatur im Garraum auf 160–180 °C reduzieren.

6 Sobald es losgehen kann: Beim Holzkohlegrill das Holz zum Smoken auf die Kohlen geben und die Stubenküken vorsichtig in die Mitte des heißen Grillrostes über die Fettpfanne stellen. Da die Keulen vermutlich nicht bis zum Rost reichen, müssen die Dosen sehr sicher stehen. Den Grill schließen und die Vögel 40–60 Minuten grillen, bis die Haut außen schön gebräunt und sehr knusprig ist. Das Fleisch ist gar, wenn das Kernthermometer am dicksten Teil der Keule, ohne den Knochen zu berühren, eine Kerntemperatur von 76 °C anzeigt (siehe S. 30 für andere Möglichkeiten zur Überprüfung des Garzustandes). Werden die Küken zu braun, locker mit Alufolie abdecken.

7 Die fertigen Stubenküken mit einer Grillzange vorsichtig an der Dose anfassen und zur Präsentation auf einen Servierteller stellen. Anschließend 5 Minuten ruhen lassen und dann vorsichtig von den Dosen heben, ohne das kochend heiße Bier zu verschütten! Dazu eine Barbecuesauce nach Wahl servieren.

Ergibt 4 Portionen

Rub für Stubenküken

ROOT-BEER-STUBENKÜKEN

Root Beer ist, wie das ganze Konzept des Bierdosen-Huhns, ein ausgesprochen amerikanisches Phänomen. Bereits im frühen 18. Jahrhundert wurde es in Apotheken als Stärkungsmittel verkauft. In einem der ersten Rezepte (1869 von einem Dr. Chase veröffentlicht) wurden Hopfen, Große Klette, Sarsaparille, Löwenzahn, Fichte, Süßholz, Zucker und Melasse verarbeitet. Auch heute noch ist Root Beer süß und würzig, was es zum perfekten Barbecuegetränk macht.

4 Dosen (je 0,33 l) Root Beer
4 Stubenküken (je 500 g)
2 Zimtstangen (8 cm) oder ½ TL Zimt
1 EL Koriandersamen
4 Scheiben (½ cm dick) frischer Ingwer, geschält und leicht zerdrückt
2 Knoblauchzehen, geschält und platt gedrückt
1 Frühlingszwiebel, (weiße und grüne Teile) geputzt und in 2 ½ cm lange Stücke geschnitten
4 EL Allzweck-Barbecuerub (S. 39) oder Ihr Lieblingsrub
2 EL Pflanzenöl
Root-Beer-Barbecuesauce (Rezept folgt)

Sie benötigen weiterhin:
2 Tassen Chunks oder Chips (am besten Hickory oder Pekan), 1 Stunde in Wasser eingeweicht und abgegossen

Weitere Vorbereitung:
3 Stunden für das Marinieren einplanen

1 Die Root-Beer-Dosen öffnen und die Hälfte des Getränks in eine große, tiefe Schüssel gießen. Anschließend 2 weitere Löcher in die Deckel bohren und die Dosen beiseite stellen.

2 Gegebenenfalls das Paket mit den Innereien aus den Stubenküken nehmen und beiseite legen. Überschüssiges Fett in den Körperöffnungen entfernen. Die Küken unter fließend kaltem Wasser abspülen und innen und außen mit einem Papiertuch trocken tupfen. Die Küken in die Schüssel mit dem Root Beer legen und den Zimt, die Koriandersamen, den Ingwer, den Knoblauch und die Frühlingszwiebeln dazugeben. Zugedeckt im Kühlschrank 3 Stunden marinieren lassen und die Vögel dabei mehrmals wenden. Anschließend sorgfältig abtropfen lassen und die Marinade weggießen.

3 Nun ¾ TL Rub in die große Körperhöhle und ¼ TL Rub in die Halsöffnung streuen. Die Küken außen dünn einölen, mit je 2 TL Rub bestreuen und diesen leicht einmassieren.

Variation

Bei diesem Rezept verwenden wir Stubenküken, aber Sie können natürlich problemlos auch ausgewachsene Hühner verwenden. Dann nehmen Sie ein Huhn (1 ¾–2 kg) und eine Dose Root Beer (0,33 l).

DAD'S
ROOT BEER

Tipp!

Beim Grillen von Stubenküken haben Sie zwei Optionen: 0,33-l-Root-Beer-Dosen oder leere und saubere 250-ml-Bierdosen. Letztere bekommen Sie am ehesten im Getränkehandel und sie eignen sich perfekt für die Küken. Im Zweifelsfall passen die Vögel auch auf eine gewöhnliche Dose. Das Ganze hat dann die langhalsige Eleganz eines Modigliani-Portraits, aber die Keulen werden nicht ganz bis zum Rost reichen. Sie müssen die Dosen deshalb besonders sorgfältig ausbalancieren.

4 Das Küken senkrecht halten und vorsichtig auf die Bierdose setzen. Der Sitz ist mit Sicherheit enger als beim Huhn, deshalb müssen Sie eventuell ein bisschen sanfte Gewalt anwenden. Anschließend die Flügel hinter dem Rücken feststecken und das Ganze mit den anderen Küken wiederholen.

5 Den Grill für indirektes Grillen einrichten (siehe S. 19 für Holzkohle und Gas) und auf mittlere Temperatur (160–180 °C) vorheizen. Beim Holzkohlegrill eine große Fettpfanne in die Mitte stellen. Beim Gasgrill die Chunks oder Chips in die Smokebox oder in eine Räuchertasche (siehe S. 20) legen und bei starker Hitze vorheizen, bis sich Rauch bildet, dann die Temperatur im Garraum auf 160–180 °C reduzieren.

6 Sobald es losgehen kann: Beim Holzkohlegrill das Holz zum Smoken auf die Kohlen geben und die Stubenküken vorsichtig in die Mitte des heißen Grillrostes über die Fettpfanne stellen. Da die Keulen vermutlich nicht bis zum Rost reichen, müssen die Dosen sehr sicher stehen. Den Grill schließen und die Vögel 40–60 Minuten grillen, bis die Haut außen schön gebräunt und sehr knusprig ist. Das Fleisch ist gar, wenn das Kernthermometer am dicksten Teil der Keule, ohne den Knochen zu berühren, eine Kerntemperatur von 76 °C anzeigt (siehe S. 30 für andere Möglichkeiten zur Überprüfung des Garzustandes). Werden die Küken zu braun, locker mit Alufolie abdecken.

7 Die fertigen Stubenküken mit einer Grillzange vorsichtig an der Dose anfassen und zur Präsentation auf einen Servierteller stellen. Anschließend 5 Minuten ruhen lassen und dann vorsichtig von den Dosen heben, ohne das kochend heiße Root Beer zu verschütten! Dazu die Root-Beer-Barbecuesauce servieren. Und das perfekte Getränk? Root Beer, natürlich!

Ergibt 4 Portionen

ROOT-BEER-BARBECUESAUCE

Die Verwendung von Root Beer ist nicht ganz so eigenartig, wie es klingt. Mit Limonaden aromatisierte Barbecuesaucen haben im amerikanischen Süden eine lange Tradition. Root Beer ist süß und aromatisch – genau wie eine gute Barbecuesauce. Es verdankt sein Aroma der Beigabe von Minze oder Amerikanischem Wintergrün. Der Geschmack stammt von Gewürzen wie Muskat, Nelken und Anis.

1 Das Root Beer, den Ketchup, den Zitronenabrieb, den Zitronensaft, den Orangensaft, die Worcestershiresauce, den Zucker, die Melasse, den Flüssigrauch, das Ingwerpulver, das Knoblauch- und das Zwiebelpulver sowie den Pfeffer in einem Topf bei mittlerer Hitze langsam aufkochen. Anschließend die Temperatur reduzieren und die Sauce 10–15 Minuten köcheln, bis sie dick und aromatisch ist. Mit Zitronensaft, Zucker und ggf. weiteren Zutaten abschmecken.

2 Die Sauce in eine saubere Schüssel oder ein Schraubglas gießen und auf Raumtemperatur abkühlen lassen. Danach bis zur Verwendung im Kühlschrank aufbewahren, wo sie sich mehrere Monate hält. Die Sauce kann kalt oder bei Raumtemperatur serviert werden.

Ergibt ca. 500 ml

250 ml Root Beer
250 ml Ketchup
½ TL Zitronenabrieb
60 ml (oder mehr) Zitronensaft, frisch gepresst
60 ml Orangensaft, frisch gepresst
3 EL Worcestershiresauce
1 ½ EL (oder mehr) Rohrzucker
1 EL Melasse
1 TL Flüssigrauch
½ TL Ingwerpulver
½ TL Knoblauchpulver
½ TL Zwiebelpulver
½ TL schwarzer Pfeffer, frisch gemahlen

ENTE À L'ORANGE

Als ich in den 1970-er Jahren in Paris als Kochlehrling arbeitete, war die Ente à l'Orange der größte Test des Mutes eines Kochs. Die Ente musste perfekt gebraten sein – mit knuspriger Haut und zartem, saftigem Fleisch. Die Orangensauce sollte ein ideales Gleichgewicht aus der Süße karamellisierten Zuckers, der Säure frischem Orangensaftes und der Bitterkeit von Orangenschale und Marmelade aufweisen. Die Garnierung erforderte allerhand Fingerfertigkeit, von dekorativ geriffelter Orangenschale bis zur richtigen Platzierung von Kerzen – in ausgehöhlten Früchten, wie beim Halloween-Kürbis. Die Ente einfach zu Grillen schmeckt mindestens genauso gut und ist sehr viel einfacher, besonders auf der Bierdose.

1 Ente (ca. 2 ½ kg), ggf. im Kühlschrank aufgetaut
1 Dose (500 ml) Bier
1 Dose (0,33 l) Orangenlimonade
Meersalz und frisch gemahlener schwarzer Pfeffer
2 Streifen Orangenschale (1 x 3 cm, mit dem Gemüseschäler abgezogen)
1 Orange, halbiert
1 EL Olivenöl
Aprikosen-Orangensauce

Sie benötigen weiterhin:
1 Hühnersitz (optional)

Hinweis
Aufgrund der länglichen Form der Ente benötigen Sie eine 500-ml-Bierdose.

Weitere Vorbereitung:
12 Stunden zum Trocknen der Ente einplanen (optional)

1 Das Paket mit den Innereien aus der Ente nehmen und beiseite legen. Überschüssiges Fett in den Körperöffnungen entfernen. Die Ente unter fließend kaltem Wasser abspülen und innen und außen mit einem Papiertuch trocken tupfen. Die Haut rundherum mit einer spitzen Gabel vorsichtig einstechen, ohne das Fleisch zu verletzen. Anschließend auf einem Gitter oder einem Blech über Nacht im Kühlschrank offen trocknen lassen (dadurch wird die Haut knuspriger).

2 Die Bierdose öffnen, drei Viertel des Bieres ausgießen und für später aufbewahren. Wird die Ente auf der Dose zubereitet, 2 weitere Löcher in den Deckel bohren. Anschließend mithilfe eines Trichters 125 ml Orangenlimonade in die Dose füllen. Die restliche Limonade für die Sauce aufbewahren. Keine Sorge, falls das Bier etwas schäumt – das ist ganz normal.

3 Nun die große Körperhöhle und die Halsöffnung der Ente großzügig mit Salz und Pfeffer würzen und in beide Öffnungen je ein Stück Orangenschale stecken. Die Ente anschließend rundherum mit den Orangenhälften abreiben. Dann mit 1 ½ TL Olivenöl beträufeln und einreiben. Zu guter Letzt sehr großzügig mit Salz und Pfeffer bestreuen.

1629
BROWARY KSIĄŻĘCE
YSKIE
GRONIE
HOPS
SANPELLEGRINO
An Italian Tradition
ARANCIATA ROSSA
KOHLENSÄUREHALTIGES
ORANGENFRUCHTSAFTGETRÄNK
MIT 17% ORANGENSAFT
UND 3% BLUTORANGENSAFT
330 ml

4 Wenn auf der Dose gegrillt wird: Die Ente senkrecht halten und vorsichtig auf die Bierdose setzen. Die Keulen anschließend nach vorne ziehen, sodass das Ganze eine Art Dreifuß bildet und die Ente aufrecht stehen bleibt.

Wenn auf einem Hühnersitz gegrillt wird: Mit 125 ml Bier und 125 ml Orangenlimonade füllen und die Ente gemäß Anweisungen des Herstellers positionieren.

5 Die Flügel hinter dem Rücken feststecken.

6 Den Grill für indirektes Grillen einrichten (siehe S. 19 für Holzkohle und Gas) und auf mittlere Temperatur (160–180 °C) vorheizen. Beim Holzkohlegrill eine große Fettpfanne in die Mitte stellen.

7 Sobald es losgehen kann: Die Ente in die Mitte des heißen Grillrostes über die Fettpfanne stellen. Den Grill schließen und den Vogel 1 ½–2 Stunden grillen, bis die Haut außen schön gebräunt und sehr knusprig ist. Das Fleisch ist gar, wenn das Kernthermometer am dicksten Teil der Keule, ohne den Knochen zu berühren, eine Kerntemperatur von 82 °C anzeigt (siehe S. 30 für andere Möglichkeiten zur Überprüfung des Garzustandes). Die Haut der Ente nach 1 Stunde erneut mit einer spitzen Gabel rundherum einstechen, damit das Fett abfließen kann. Anschließend vorsichtig mit dem restlichen Olivenöl bepinseln. Der Holzkohlegrill benötigt nach 1 Stunde 12 frische Kohlen pro Seite. Wird die Ente zu braun, locker mit Alufolie abdecken.

8 Wenn auf der Bierdose gegrillt wird: Die Ente mit einer Grillzange vorsichtig an der Dose anfassen und aufrecht auf einen Servierteller stellen.

Wenn auf einem Hühnersitz gegrillt wird: Die Ente mithilfe von feuerfesten Handschuhen mit dem Hühnersitz aus dem Grill holen.

9 Präsentation Ihre Meisterwerkes; die Ente anschließend 5 Minuten ruhen lassen und dann vorsichtig die Bierdose entfernen, ohne die kochend heiße Biermischung zu verschütten! Die Ente halbieren oder vierteln und mit der Aprikosen-Orangensauce servieren.

Ergibt 2 Portionen

Tipp!

Die Knusprigkeit der Entenhaut können Sie durch zwei Techniken maximieren. Zuerst lassen Sie die Ente auf einem Gitter im Kühlschrank über Nacht trocknen. Dieser Schritt ist optional, falls Sie nicht so lange warten wollen. Dann stechen Sie die Haut rundherum mit einer spitzen Gabel ein, damit das Fett beim Grillen ablaufen kann. Achten Sie aber darauf, das Fleisch nicht zu verletzen.

APRIKOSEN-ORANGENSAUCE

Bei dieser Fünf-Sterne-Sauce verbinden sich Orangenlimonade, Orangenschalen, Orangensaft, Orangenmarmelade und Orangenlikör mit Aprikosen, die den Geschmack intensivieren, während der Zitronensaft dem Ganzen das gewisse Extra verleiht. Verwenden Sie am besten hausgemachte Hühnerbrühe oder wenigstens eine salzarme Fertigbrühe.

- 200 ml Orangenlimonade (von der Ente à l'Orange reserviert)
- 125 ml hausgemachte Hühnerbrühe (S. 52) oder eine salzarme Fertigbrühe
- 2 Streifen Orangenschale (1 x 3 cm, mit dem Gemüseschäler abgezogen)
- 125 ml Orangensaft, frisch gepresst
- 1 Zimtstange (8 cm) oder ½ TL Zimt
- 75 g getrocknete Aprikosen
- 3 EL Orangenmarmelade
- 3 EL (oder mehr) Rohrzucker
- 2 EL (oder mehr) Apfelessig
- 1 EL Zitronensaft, frisch gepresst
- ½ TL Maismehl
- 1 EL Cointreau oder anderer Orangenlikör
- 1 EL Butter
- Meersalz und frisch gemahlener schwarzer Pfeffer

1 Die Orangenlimonade, die Hühnerbrühe, die Orangenschalen, den Orangensaft und die Zimtstange in einem Topf bei starker Hitze aufkochen und dann 3 Minuten kochen lassen. Den Topf vom Herd nehmen und die Aprikosen dazu geben. Das Ganze 30 Minuten ziehen lassen, dann die Zimtstange entfernen.

2 Die Mischung in den Mixer gießen. Die Marmelade, den Zucker, den Essig und den Zitronensaft dazu geben und alles glatt pürieren. Durch ein Sieb in ein Topf abseihen und das Fruchtmus dabei mit einem Küchenspachtel kräftig ausstreichen.

3 Den Topf wieder auf den Herd stellen und bei mittelhoher Temperatur 3 Minuten köcheln. Das Maismehl im Orangenlikör auflösen und unter die Sauce rühren. Weitere 2 Minuten köcheln, bis die Sauce einzudicken beginnt. Den Topf vom Herd nehmen und die Butter unterrühren. Mit Salz, Pfeffer, Zucker und ggf. weiterem Essig abschmecken. Die Sauce kann warm oder auf Raumtemperatur serviert werden. Zugedeckt im Kühlschrank aufbewahrt hält sich die Sauce 5 Tage. Vor dem Servieren wieder leicht erwärmen.

Ergibt ca. 500 ml

PEKINGENTE

Pekingente auf der Bierdose gegrillt? Sie wird so manch neidvollen Blick auf sich ziehen! Das Beste an der Pekingente ist die knusprige Haut (und natürlich das zarte Fleisch). Das indirekte, senkrechte Grillen auf der Bierdose ist neben der klassischen Methode (trocknen und braten) die beste Zubereitungsmethode, damit man beides in Perfektion erhält. Idealerweise servieren Sie die Ente wie es die Chinesen machen, mit Frühlingszwiebeln, Pfannkuchen und passender Sauce. Falls Ihnen das jedoch zu viel Arbeit ist, schmeckt die Ente frisch von der Dose natürlich genauso köstlich. Bei diesem Rezept lassen wir die Holzchips weg, da die Ente kein Holzaroma braucht.

1 Ente (ca. 2 ½ kg)
8 Frühlingszwiebeln (optional)
1 EL Meersalz
1 EL Zucker
2 TL schwarzer Pfeffer, frisch gemahlen
1 TL Fünf-Gewürze-Pulver
1 EL dunkles Sesamöl
1 Dose (500 ml) Bier (siehe Hinweis)
6 Mandarin-Pfannkuchen (15 cm) oder kleine Weizentortillas
Pekingentensauce (Rezept folgt)

Sie benötigen weiterhin:
1 Hühnersitz (optional)

Hinweis
Aufgrund der länglichen Form der Ente benötigen Sie eine 500-ml-Bierdose

Weitere Vorbereitung:
12 Stunden für das Trocknen einplanen (optional); 3 Stunden für die Zubereitung der Frühlingszwiebelbürsten einplanen (optional)

1 Das Paket mit den Innereien aus der Ente nehmen und beiseite legen. Überschüssiges Fett in den Körperöffnungen entfernen. Die Ente unter fließend kaltem Wasser abspülen und innen und außen mit einem Papiertuch trocken tupfen. Die Haut rundherum mit einer spitzen Gabel vorsichtig einstechen, ohne das Fleisch zu verletzen. Anschließend auf einem Gitter oder einem Blech über Nacht im Kühlschrank offen trocknen lassen (dadurch wird die Haut knuspriger).

2 Zubereitung der Frühlingszwiebelbürsten (optional): Die Wurzelenden und die dunkelgrünen Blattenden der Frühlingszwiebeln abschneiden (letztere für die Sauce aufbewahren). Es sollte ein ca. 8 cm langes weißes und hellgrünes Stück übrig sein. An beiden Ende der Länge nach ca. 2 cm lange Einschnitte rundherum vornehmen, um die „Borsten“ zu formen. Anschließend 3 Stunden in Eiswasser einweichen, damit die Enden der Bürsten aufquellen.

3 Zubereitung des Rubs: Das Salz, den Zucker, den Pfeffer und das Fünf-Gewürze-Pulver in einer kleinen Schüssel mischen. Etwa 1 TL in die Körperhöhle und ½ TL in die Halsöffnung streuen. Die Ente mit Sesamöl bepinseln und mit 1 EL Rub einreiben.

Tipp!

Mandarin-Pfannkuchen sind dünn wie Crêpes und werden zum Einwickeln des Entenfleisches verwendet. Manchmal heißen sie auch chinesische Pfannkuchen oder Mu-Shu-Pfannkuchen. Obwohl sie anders (und am anderen Ende der Welt) zubereitet werden, ähneln sie mexikanischen Tortillas. Sie finden die Pfannkuchen in Asialäden oder können Sie selbst zubereiten (Rezepte finden Sie in chinesischen Kochbüchern oder im Internet). Im Zweifelsfall können Sie auch Weizentortillas verwenden.

4 Die Bierdose öffnen, die Hälfte des Bieres ausgießen und für später aufbewahren. Wird die Ente auf der Dose zubereitet, 2 weitere Löcher in den Deckel bohren. Nun den restlichen Rub hinein füllen. Keine Sorge, falls das Bier etwas schäumt – das ist ganz normal.

5 Wenn auf der Dose gegrillt wird: Die Ente senkrecht halten und vorsichtig auf die Bierdose setzen. Die Keulen anschließend nach vorne ziehen, sodass das Ganze eine Art Dreifuß bildet und die Ente aufrecht stehen bleibt.

Wenn auf einem Hühnersitz gegrillt wird: die Biermischung einfüllen und die Ente gemäß Anweisungen des Herstellers positionieren.

6 Die Flügel hinter dem Rücken feststecken.

7 Den Grill für indirektes Grillen einrichten (siehe S. 19 für Holzkohle und Gas) und auf mittlere Temperatur (160–180 °C) vorheizen. Beim Holzkohlegrill eine große Fettpfanne in die Mitte stellen.

8 Sobald es losgehen kann: Die Ente in die Mitte des heißen Grillrostes über die Fettpfanne stellen. Den Grill schließen und den Vogel 1 ½–2 Stunden grillen, bis die Haut außen schön gebräunt und sehr knusprig ist. Das Fleisch ist gar, wenn das Kernthermometer am dicksten Teil der Keule, ohne den Knochen zu berühren, eine Kerntemperatur von 82 °C anzeigt (siehe S. 30 für andere Möglichkeiten zur Überprüfung des Garzustandes). Die Haut nach 1 Stunde erneut mit einer spitzen Gabel rundherum einstechen, damit das Fett abfließen kann. Anschließend vorsichtig mit dem restlichen Sesamöl bepinseln. Der Holzkohlegrill benötigt nach 1 Stunde 12 frische Kohlen pro Seite. Wird die Ente zu braun, locker mit Alufolie abdecken.

9 Wenn auf der Bierdose gegrillt wird: Die Ente mit einer Grillzange vorsichtig an der Dose anfassen und aufrecht auf einen Servierteller stellen.

Wenn auf einem Hühnersitz gegrillt wird: Die Ente mithilfe von feuerfesten Handschuhen mit dem Hühnersitz aus dem Grill holen.

10 Präsentation Ihres Meisterwerkes; die Ente anschließend 5 Minuten ruhen lassen.

11 Die Mandarin-Pfannkuchen in der Zwischenzeit auf dem Grill vorwärmen. Das dauert 10–15 Sekunden pro Seite. Die Pfannkuchen sollten warm und formbar sein. Die fertigen Pfannkuchen auf einen Teller oder in einen Korb legen und mit einer Stoffserviette warm halten.

12 Nun die Ente vorsichtig von der Dose heben, ohne das kochend heiße Bier zu verschütten. Traditionell wird bei der Pekingente die knusprige Haut abgeschnitten. Anschließend wird das Fleisch in dünne Streifen geschnitten. Zum Essen einen Pfannkuchen mithilfe einer Frühlingszwiebelbürste mit Sauce bestreichen. Dann die Bürste, etwas Fleisch und Haut in den Pfannkuchen einwickeln und in den Mund stecken. Die Ente kann aber auch halbiert oder geviertelt mit Pfannkuchen, Sauce und Frühlingszwiebelbürsten serviert werden.

Ergibt 4 Portionen als Vorspeise oder 2 Portionen als Hauptgericht

PEKINGENTENSAUCE

Diese Barbecuesauce mag zwar mit einem chinesischen Akzent sprechen, ihre Aussage wird aber allen Grillfreunden bekannt vorkommen. Durch Hoisin-Sauce und Honig wird sie süß, der Reisessig verleiht ihr eine saure Note und Ingwer, Knoblauch und Frühlingszwiebeln machen sie würzig. Ist die Ente erst einmal verspeist, werden Sie sich dabei ertappen, die Sauce auch zu Koteletts oder Ribs servieren zu wollen.

- 170 ml Hoisin-Sauce
- 3 EL Reiswein oder trockener Sherry
- 2 EL Sojasauce
- 2 EL Reisessig
- 2 EL Honig
- 1 EL dunkles Sesamöl
- 1 Knoblauchzehe, fein gehackt
- 2 TL frischer Ingwer, geschält und fein gehackt
- 1 EL Frühlingszwiebel (nur der grüne Teil), geputzt und fein geschnitten

Alle Zutaten mit 2 EL Wasser in einem kleinen Topf verrühren und bei mittlerer Hitze 6–8 Minuten köcheln, bis die Sauce dick und aromatisch ist. Vor dem Servieren auf Raumtemperatur abkühlen lassen. Zugedeckt im Kühlschrank aufbewahrt hält sich die Sauce ca. 5 Tage.

Ergibt ca. 150 ml

BIERDOSEN-PUTE

Geben Sie mir nicht die Schuld! Schuld sind die Jungs der „Foster's"-Brauerei in Australien. In dem Augenblick, als ich ihre riesige Dose (unglaubliche 1000 ml!) sah, wusste ich, was ich zu tun hatte. Und das war, das Kernstück des amerikanischen Thanksgiving zu revolutionieren. Ich spreche natürlich von der Bierdosen-Pute, und wenn Sie erst einmal den Schock überwunden haben, eine Pute in einer derart unwürdigen – oder eher kompromittierenden – Position zu sehen, werden Sie erstaunt sein, wie zart und saftig Pute sein kann. Die Cranberrysalsa auf S. 109 ist eine perfekte Beilage.

Rub:

4 TL Meersalz
4 TL Paprikapulver, edelsüß
2 TL schwarzer Pfeffer, frisch gemahlen
2 TL getrockneter Salbei
2 TL getrockneter Oregano
1 TL getrockneter Thymian

1 Dose (1 l) Foster's Lager oder Faxe Lager
1 Pute (5–6 kg), ggf. im Kühlschrank aufgetaut
4 EL Butter, geschmolzen

Sie benötigen weiterhin:

4 Tassen Chunks oder Chips (am besten Eiche oder Apfel), 1 Stunde in Wasser und/oder Bier eingeweicht und abgegossen

1 Zubereitung des Rubs: Das Salz, das Paprikapulver, den Pfeffer, den Salbei, den Oregano und den Thymian in einer kleinen Schüssel mischen.

2 Die Bierdose öffnen und die Hälfte des Getränks über die Holzchips gießen oder für später aufbewahren. 2 weitere Löcher in den Deckel bohren und die Dose dann beiseite stellen.

3 Sollten die Keulen der Pute mit einem Draht zusammengebunden sein, diesen entfernen. Anschließend ggf. beide Beutel mit Innereien herausnehmen. Überschüssiges Fett in den Körperöffnungen entfernen, die Pute dann unter fließend kaltem Wasser abspülen und innen und außen mit einem Papiertuch trocken tupfen. Etwa 2 TL Rub in der Körperhöhle und 1 TL in der Halsöffnung verteilen. Die Pute mit 1 EL geschmolzener Butter bepinseln und mit 1 EL Rub einreiben. Dann 2 EL Rub in die restliche Butter rühren und beiseite stellen.

Tipp!

Nur eine Dose ist in den USA groß genug, eine Pute aufzunehmen, nämlich die gewaltige 1-l-Dose Foster's Lager, die Sie in Deutschland in sehr gut sortierten Getränkemärkten bekommen. Alternativ können Sie auch eine Faxe-Dose verwenden. Darauf können Sie eine bis zu 6 ½ kg schwere Pute zubereiten. (Brauchen Sie mehr Pute, sollten Sie lieber 2 kleinerer Vögel grillen.)

Hinweis

Ein großer Vogel wie die Pute erfordert besondere Sicherheitsmaßnahmen beim Herausholen aus dem Grill und dem Entfernen der Dose. Fassen Sie die Pute mit feuerfesten Handschuhen an beiden Seiten vorsichtig an und schieben Sie das Ganze mit der Dose in einen kühleren Bereich des Grills. Anschließend hält einer Ihrer Kumpel die Dose mit einer Grillzange fest, während Sie die Pute von der Dose heben und auf einen Teller legen.

4 Den restlichen Rub in die Bierdose streuen. Keine Sorge, falls das Bier etwas schäumt – das ist ganz normal. Die Pute senkrecht halten und vorsichtig auf die Bierdose setzen.

5 Die Keulen anschließend nach vorne ziehen, sodass das Ganze eine Art Dreifuß bildet und die Pute aufrecht stehen bleibt. Die Flügel hinter dem Rücken feststecken.

6 Den Grill für indirektes Grillen einrichten (siehe S. 19 für Holzkohle und Gas) und auf mittlere Temperatur (160–180 °C) vorheizen. Beim Holzkohlegrill eine große Fettpfanne in die Mitte stellen. Beim Gasgrill die Chunks oder Chips in die Smokebox oder in eine Räuchertasche (siehe S. 20) legen und bei starker Hitze vorheizen, bis sich Rauch bildet, dann die Temperatur im Garraum auf 160–180 °C reduzieren.

7 Sobald es losgehen kann: Beim Holzkohlegrill die Hälfte des Holzes zum Smoken auf die Kohlen geben und die Pute in die Mitte des heißen Grillrostes über die Fettpfanne stellen. Den Grill schließen und den Vogel 2–2 ½ Stunden grillen, bis die Haut außen schön gebräunt und sehr knusprig ist. Das Fleisch ist gar, wenn das Kernthermometer am dicksten Teil der Keule, ohne den Knochen zu berühren, eine Kerntemperatur von 82 °C anzeigt (siehe S. 30 für andere Möglichkeiten zur Überprüfung des Garzustandes). Der Holzkohlegrill benötigt jede Stunde 12 frische Kohlen pro Seite. Nach 1 Stunde das restliche Holz zum Smoken auf die Kohlen geben. Die Pute alle 30 Minuten mit der Buttermischung bepinseln. Wird sie zu braun (was am oberen Ende schnell passiert), locker mit Alufolie abdecken.

8 Die fertige Pute mit einer großen Grillzange oder feuerfesten Handschuhen aus dem Grill holen, auf einen Teller stellen und den Gästen präsentieren. Anschließend 10 Minuten ruhen lassen. Dann vorsichtig von der Bierdose heben (siehe Hinweis), ohne das heiße Bier zu verschütten. Die Pute aufschneiden und sofort servieren.

Ergibt 8–10 Portionen

Tipp!

Bei einigen Puten sind die Keulen mit Draht zusammengebunden. Diesen müssen Sie ggf. mit einer Drahtschere entfernen. Denken Sie außerdem daran, beide Beutel mit Innereien herauszunehmen.

GEFLÜGEL OHNE DOSE

Man lebt ja nicht von Bier allein – und auch nicht von Bierdosen-Hühnchen. Klar, Ihre Gäste werden immer beeindruckt sein und mit den unzähligen Variationen können Sie Ihrem Ruf als Pitmaster immer etwas Gutes tun, aber manchmal möchte man eben mit einer anderen ausgefallenen Grilltechnik angeben. Das bringt uns zu den Rezepten in diesem Kapitel. Wie wäre es mit dem Schweißer-Huhn, einem in Alufolie gewickelten Huhn, das Sie mit Schweißerhandschuhen drehen? Sie können das Huhn auch aufklappen und direkt grillen, wodurch die Haut überall schön braun wird. Zum Abschluss der pyrotechnischen Vorstellung grillen wir ein Huhn im Stil des Teufels, eins im Stil der Kröte und ein weiteres unter einem Backstein, was Ihre Gäste garantiert mächtig beeindrucken wird.

Direktes Grillen

SCHWEIßER-HUHN

Im heutigen Zeitalter der Schnelligkeit und Bequemlichkeit ist das Suppenhuhn (ein großes, altes Huhn) nahezu ganz aus den Küchen der Vereinigten Staaten verschwunden. Das ist wirklich eine Schande, denn was dem Huhn an Zartheit fehlt, macht es im Geschmack mehr als wett. Auf den ersten Blick mag das Suppenhuhn als ungeeigneter Kandidat für den Grill erscheinen. Das stimmt aber nicht, behauptet Sean Murphy, der eine meiner Signierstunden in Portland, Oregon, besuchte. Er erzählte mir von einem Grillhähnchen, das einer seiner Kumpel zubereitet. Der besagte Kumpel ist Schweißer. Er würzt das Huhn kräftig, bevor er es fest in Alufolie wickelt und grillt. Das Geheimnis seiner Zubereitungsmethode liegt in einem Paar dicker Schweißerhandschuhe (oder schwere Grillhandschuhe mit langen Stulpen), mit denen er das Huhn oft wenden kann (eine Grillzange würde die Alufolie einreißen). Einmal ausgewickelt bleibt eines der saftigsten, aromatischsten Hühnchen übrig, die Sie jemals gegessen haben.

- 1 Suppen- oder Brathuhn (2 ½–3 kg)
- 1 Zitrone
- 3 Knoblauchzehen, geschält und halbiert
- 2 EL Hühnchengewürz
- Meersalz und frisch gemahlener schwarzer Pfeffer
- 5 Scheiben Bacon (am besten geräuchert)

Sie benötigen weiterhin:

4 Stücke (75 x 45 cm) feste Alufolie

1 Das Paket mit den Innereien aus dem Huhn nehmen und beiseite legen. Überschüssiges Fett in den Körperöffnungen entfernen. Das Huhn dann unter fließend kaltem Wasser abspülen und innen und außen mit einem Papiertuch trocken tupfen.

2 Mit einem Gemüseschäler 3 Streifen Zitronenschale (nur die äußere gelbe Schale, nicht die bittere weiße Haut) abziehen. Einen Streifen in die Halsöffnung stecken, die anderen beiden in die Körperhöhle legen. Anschließend die restliche Schale und die weiße Haut der Zitronen abschneiden, die Frucht in dünnen Scheiben schneiden und die Kerne mit einer Gabel entfernen.

Variation

Sie können das Huhn auch indirekt grillen, allerdings wird es dann nicht so schön braun wie beim direkten Grillen.

3 Die Haut des Huhns mit den Knoblauchzehen einreiben. Anschließend 4 Knoblauchhälften in die Körperhöhle legen und den restlichen Knoblauch in die Halsöffnung stecken. Nun 2 TL Hühnchengewürz in die Körperhöhle und 1 TL in die Halsöffnung streuen. Mit dem Rest das Huhn einreiben und zusätzlich kräftig mit Salz und Pfeffer würzen.

4 Ein Stück Alufolie mit der glänzenden Seite nach unten auf die Arbeitsfläche legen. In die Mitte 2 Scheiben Bacon geben und darauf einige Zitronenscheiben legen. Das Huhn mit der Brust nach oben so darauf legen, dass das Rückgrat parallel zu der langen Seite der Folie verläuft. Nun die restlichen Bacon- und Zitronenscheiben auf dem Huhn verteilen. Anschließend die Alufolie über dem Huhn zusammenlegen und mehrmals falten, sodass das Huhn fest eingeschlossen ist. Das Ganze dann in drei weitere Lagen Alufolie (jeweils mit der glänzenden Seite nach außen, damit die Hitze reflektiert wird, siehe Hinweis) einwickeln. Das ganze Huhn muss fest in der Folie eingewickelt sein.

Tipp!

Für dieses Rezept benötigen Sie auf alle Fälle ein Suppenhuhn, das Sie problemlos im Tiefkühlbereich Ihres Supermarktes finden sollten. Im Zweifelsfall reicht natürlich auch ein Brathuhn, Sie müssen dann jedoch die Grillzeit auf 40–60 Minuten reduzieren.

5 Den Grill für direktes Grillen einrichten (siehe S. 18 für Gas und Holzkohle) und auf mittlere Temperatur (160–180 °C) vorheizen. Sobald der Grill bereit ist, das Folienpaket mit dem Huhn in die Mitte des Grillrostes legen und 1 ¼–1 ¾ Stunden grillen, bis es gar ist (das Kernthermometer muss im dicksten Teil der Keule, ohne den Knochen zu berühren, 82 °C anzeigen). Das Huhn alle 15 Minuten umdrehen. Der Holzkohlegrill benötigt dabei nach 1 Stunde 12 frische Kohlen pro Seite.

6 Das Huhn auf einen Teller legen (falls Sie wollen, können Sie Ihren Gästen nun das geschwärzte Paket präsentieren). Anschließend 5 Minuten ruhen lassen und dann mit Schweißerhandschuhen oder dicken Grillhandschuhen auspacken. Achtung, der austretende Dampf ist sehr heiß! Den Bacon abkratzen, wegwerfen und das Huhn sofort servieren.

Ergibt 4–6 Portionen

Hinweis

Falls Ihre Alufolie nur 30 cm breit ist, müssen Sie das Huhn darin wie eine Mumie einwickeln.

„GESTEINIGTES“ HÜHNCHEN

An einem typischen Morgen auf Buch-Tour wache ich gegen 5 Uhr morgens auf und heize den Grill an – gegrillt wird dann, wenn die meisten Menschen frühstücken. Zum Glück habe ich Hilfe dabei. Als ich eines Tages gerade dabei war, ein Hühnchen unter einen Ziegelstein zu legen, rief mein in Monterey geborener Assistent Julio Martinez: „Hey, das machen wir in Mexiko auch so!“ Er erzählte mir von *Pollo a la piedra*, „Gesteinigtes Hühnchen“ (also Huhn, unter einem Stein gegart). Wie bei der italienischen Version (siehe S. 165) wird auch hier beim Garen ein Ziegelstein oder ein anderer flacher Stein auf die Hühnerbrust gelegt. Durch den Stein wird das Fleisch auf den Grillrost gepresst, was für ein unglaubliches Grillmuster sorgt. Außerdem wird das Fleisch außen knusprig, bleibt innen aber schön saftig. Die Gewürze sind typisch mexikanisch: Knoblauch, Limettensaft und aromatische Achiote-Paste, die aus gemahlenen Annatto-Samen hergestellt wird.

2 ganze Hühnerbrüste (je 350–500 g) oder 4 Hühnerbrusthälften (je 175–250 g)
3 Knoblauchzehen, fein gehackt
1 TL Meersalz
1 TL schwarzer Pfeffer, frisch gemahlen
1 EL Achiote-Paste (Rezept folgt)
4 EL frischer Koriander, gehackt, plus 4 Korianderstängel zum Garnieren
4 EL Limettensaft, frisch gepresst
2 EL Pflanzenöl
4 Limettenspalten zum Servieren

Sie benötigen weiterhin:
2 Ziegel- oder Pflastersteine, in Alufolie gewickelt

Weitere Vorbereitung:
1–2 Stunden für das Marinieren einplanen

1 Falls vorhanden Fett und Sehnenreste von den Hühnerbrüsten abschneiden und wegwerfen. Anschließend unter fließend kaltem Wasser abspülen, mit Papiertüchern trocken tupfen und nebeneinander in eine Schale legen.

2 Den Knoblauch mit dem Salz und dem Pfeffer mithilfe eines Holzlöffels in einer Schüssel verreiben. Die Achiotepaste und den Koriander dazugeben und ebenfalls verreiben. Nach und nach den Limettensaft dazugeben, bis eine glatte Paste entsteht. Nun das Öl unterrühren und das Ganze über die Hühnerbrüste gießen. Zugedeckt im Kühlschrank 1–2 Stunden marinieren lassen.

Tipp!

Achiote-Paste finden Sie in lateinamerikanischen Supermärkten oder im Internet. Sie können auch Ihre eigene Paste aus Annattosamen herstellen (siehe unten). Falls Sie beides nicht verwenden möchten, können Sie stattdessen 1 EL edelsüßes Paprikapulver verwenden.

3 Den Grill für direktes Grillen einrichten (siehe S. 18 für Gas und Holzkohle) und auf starke Hitze vorheizen. Sobald der Grill bereit ist, den Rost abbürsten und einölen. Die Hühnerbrüste im 45°-Winkel zu den Streben des Grillrostes arrangieren und die Steine obenauf legen. Pro Seite 4–6 Minuten grillen, dabei nach 2 Minuten um 90° drehen, damit ein hübsches Gittermuster entsteht. Zum Testen des Gargrades die Hühnerbrust mit dem Finger eindrücken. Sie sollte sich fest anfühlen. Das Fleisch dann auf einen Teller legen und mit Korianderzweigen und Limettenspalten garnieren.

Ergibt 4 Portionen

ACHIOTE-PASTE

Achiote, auch als Annatto bekannt, sind rostfarbene Samen von der mexikanischen Yucatan-Halbinsel. In Gebieten mit einem großen mexikanischen Bevölkerungsanteil werden sie oft in Form einer Paste verkauft. Hier an der Ostküste der Vereinigten Staaten bekommen wir eher die Samen. Die Zubereitung der Paste geht aber schnell. Das Rezept ergibt mehr, als Sie für das Stein-Hühnchen benötigen; Sie können damit aber auch Schweinefleisch oder Fisch das gewisse Extra verleihen.

- 2 EL Annattosamen
- 2 Knoblauchzehen, fein gehackt
- 2 TL Meersalz
- 2 EL Pflanzenöl
- 2 TL Rotweinessig

1 Die Annattosamen in der Gewürzmühle zu einem feinen Pulver mahlen.

2 Den Knoblauch und das Salz in einer kleinen Schüssel zu einem Brei verreiben.

3 Das Annattopulver, das Öl und den Essig dazugeben und alles zu einer glatten Paste verrühren. Zugedeckt im Kühlschrank aufbewahrt hält sich die Paste mehrere Monate.

Ergibt ca. 60 ml

STUBENKÜKEN UNTER STEINEN

Aus drei Gründen mag ich *Pollo al mattone* (italienisches Hühnchen, das unter einem Ziegelstein gegrillt wird). Es ist schnell und einfach zubereitet, es sieht toll aus und die Haut wird unglaublich knusprig; außerdem wird das Fleisch fabelhaft zart und saftig. Nicht zuletzt ist die Zubereitungsmethode einfach cool – dem Vogel werden Brustbein und Rückgrat entfernt und es wird platt wie eine Flunder auf den Grill gelegt, was zusätzlich die Oberfläche maximiert, die der Glut ausgesetzt ist. So können Sie ganze Stubenküken direkt grillen.

Weitere Vorbereitung:
1–2 Stunden für das Marinieren einplanen

1 Das Paket mit den Innereien (falls vorhanden) aus den Stubenküken nehmen und beiseite legen. Überschüssiges Fett in den Körperöffnungen entfernen. Die Vögel unter fließend kaltem Wasser abspülen und innen und außen mit einem Papiertuch trocken tupfen.

2 Aufschneiden der Küken: Ein Küken mit der Brust nach unten auf die Arbeitsfläche legen. Beginnend am Hals nun das Rückgrat mit der Geflügelschere herausschneiden und ggf. für eine Brühe aufheben. Den Vogel wie ein Buch aufklappen. Mit einem Schälmesser rund um das Brustbein Einschnitte vornehmen und dieses samt des Knorpels herausziehen. Anschließend die Flügelspitzen und jegliche lose Haut entfernen. Zu guter Letzt die Keulen nach unten ziehen, damit das Küken flach liegt. Abschließend den Rub auftragen und das Ganze mit den restlichen Vögeln wiederholen.

3 Die Stubenküken auf beiden Seiten mit den Pfefferkörnern, den Chiliflocken und Salz bestreuen. Anschließend mit den Knoblauchstücken und dem Salbei bestreuen, dann erst mit dem Zitronensaft und dem Olivenöl übergießen. Die Küken mehrmals wenden, damit beide Seiten bedeckt sind. Zugedeckt im Kühlschrank 1–2 Stunden marinieren lassen.

4 Stubenküken (je ca. 500 g)
1 EL schwarze Pfefferkörner, zerstoßen
1–3 TL rote Chiliflocken (nach Geschmack)
Meersalz
4 Knoblauchzehen, fein gehackt
1 Bund frischer Salbei oder Rosmarin, die Stängel entfernt und grob gehackt (einige Blätter aufbewahren)
125 ml Zitronensaft
125 ml Extra Vergines Olivenöl
Zitronenspalten zum Servieren

Sie benötigen weiterhin:
1 Geflügelschere
4 Ziegelsteine, in Alufolie gewickelt
1 Zerstäuber (optional)

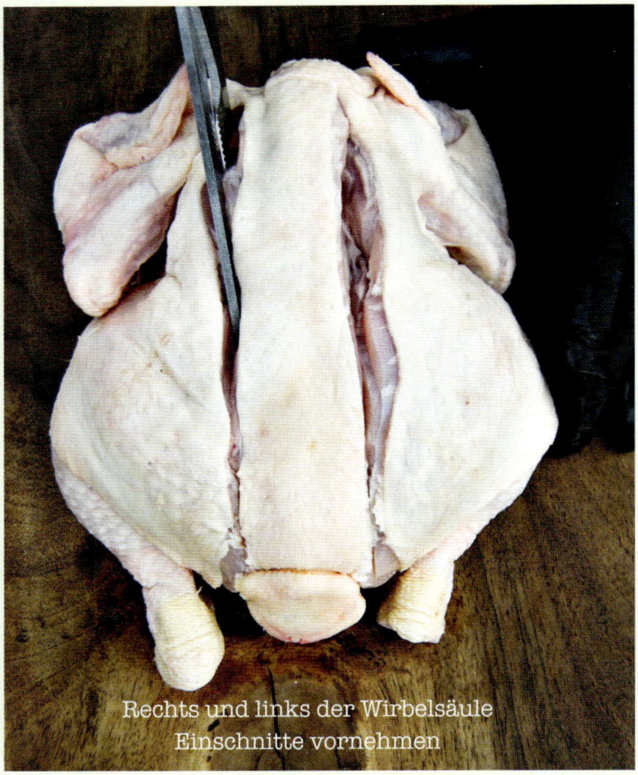
Rechts und links der Wirbelsäule Einschnitte vornehmen

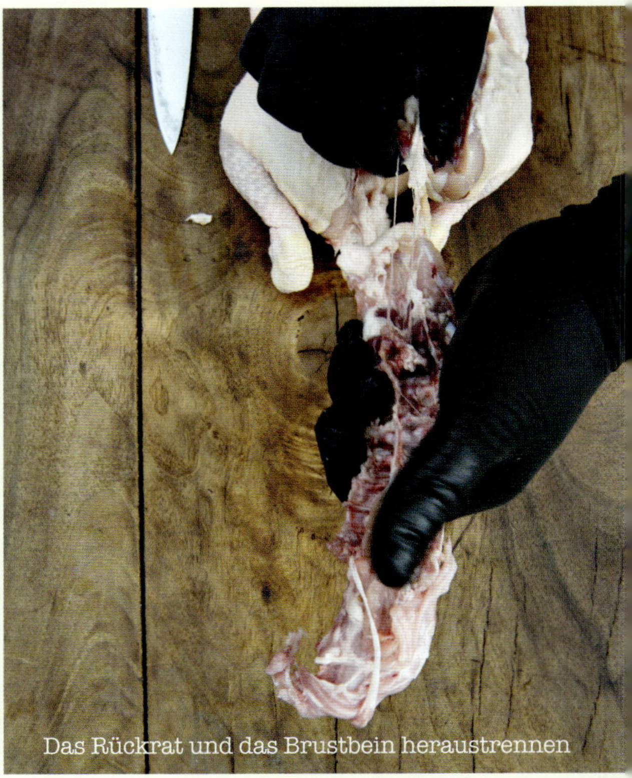
Das Rückrat und das Brustbein heraustrennen

Das Huhn wie ein Buch aufklappen

Mit Wunsch-Rub einreiben

4 Den Grill für direktes Grillen einrichten (siehe S. 18 für Gas und Holzkohle) und auf mittlere Temperatur (160–180 °C) vorheizen. Sobald der Grill bereit ist, den Rost abbürsten und einölen. Die aufgeschnittenen Küken mit der Haut nach unten auf den Rost legen. Auf jedes Küken einen Ziegelstein legen, sodass es weitestgehend bedeckt ist. Anschließend 8–10 Minuten grillen, bis die Haut goldbraun ist.

5 Die Ziegelsteine entfernen und die Küken mithilfe einer Grillzange und eines Pfannenhebers vorsichtig wenden. Die Steine wieder darauf legen und die Vögel weitere 8–10 Minuten grillen, bis auch die zweite Seite goldbraun ist. Durch das abschmelzende Fett kann es eventuell zu einem Aufflammen der Glut kommen. In diesem Fall die Küken kurz zur Seite schieben. Bei Bedarf können die Flammen mit 1–2 Spritzern aus einem Zerstäuber gelöscht werden (aber nicht zu viel, sonst erlischt die Glut und achten Sie auf mögliche Aschewolken, die durch die Verpuffung entstehen können!). Das Fleisch ist gar, wenn das Kernthermometer an der dicksten Stelle der Keule, ohne den Knochen zu berühren, 82 °C anzeigt.

6 Die fertigen Küken auf einem Servierteller anrichten und mit Salbei und Zitronenspalten garnieren.

Ergibt 4 Portionen

Tipp!

Zum Aufschneiden der Küken benötigen Sie lediglich eine Geflügelschere und ein Schälmesser. Die genaue Vorgehensweise habe ich hier ausführlich erklärt. Sie könnten auf diese Weise auch ein großes Huhn zubereiten. Dazu muss lediglich die Garzeit um 15 Minuten pro Seite verlängert werden.

TOAD-STYLE CHICKEN

Der seltsame französische Name *Poulet en crapaudine* (Huhn im Krötenstil) bezieht sich nicht auf die Gewürze (obwohl Sie diese auch für Froschschenkel verwenden könnten) sondern auf die Art und Weise, wie das Huhn aufgeschnitten wird. Franzosen erinnert das vage an einen Frosch bzw. eine Kröte und damit haben sie nicht ganz Unrecht. Die einfache Marinade steckt voller wunderbarer mediterraner Aromen. Sollten Sie keine Sardellen mögen, lassen Sie diese einfach weg.

Kräuterpaste:

1 Bund Basilikum, Stengel entfernt und grob gehackt
3 Knoblauchzehen, grob gehackt
3 Sardellenfilets, grob gehackt (optional)
1 ½ TL Meersalz
1 TL schwarze Pfefferkörner, zerstoßen
60 ml trockener Wermut oder trockener Weißwein
2 EL Dijonsenf
2 EL Zitronensaft, frisch gepresst
½ TL Zitronenabrieb
6 EL Extra Vergines Olivenöl

1 Huhn (1 ¾–2 kg)
Zitronenspalten zum Servieren
Mittelmeersalsa (optional, Rezept folgt) zum Servieren

Sie benötigen weiterhin:

2 Tassen Chunks oder Chips (optional, am besten Eiche oder Kirsche), nicht eingeweicht
1 Geflügelschere

Weitere Vorbereitung:

2–12 Stunden für das Marinieren einplanen (optional)

1 Zubereitung der Kräuterpaste: Den Basilikum, den Knoblauch, ggf. die Sardellen, das Salz und den Pfeffer in einem Mixer fein pürieren. Den Wermut, den Senf, den Zitronensaft und -abrieb sowie das Olivenöl dazugeben und weiter verarbeiten, bis eine grobe Paste entsteht.

2 Das Paket mit den Innereien aus dem Huhn nehmen und beiseite legen. Überschüssiges Fett in den Körperöffnungen entfernen. Das Huhn unter fließend kaltem Wasser abspülen und innen und außen mit einem Papiertuch trocken tupfen.

3 Aufschneiden des Huhns: Das Huhn mit der Brust nach unten auf die Arbeitsfläche legen. Beginnend am Hals nun das Rückgrat mit der Geflügelschere herausschneiden und ggf. für eine Brühe aufheben. Den Vogel wie ein Buch aufklappen. Mit einem Schälmesser rund um das Brustbein Einschnitte vornehmen und dieses samt des Knorpels herausziehen. Anschließend die Flügelspitzen und jegliche lose Haut entfernen. Zu guter Letzt die Keulen nach unten ziehen, damit das Huhn flach liegt. In einen Bräter legen und dann mit einem Gummispatel die Kräuterpaste auf dem ganzen Huhn verteilen. Zugedeckt im Kühlschrank mindestens 2 Stunden (besser über Nacht) marinieren lassen. Je länger die Marinade einwirken kann, desto intensiver wird das Aroma.

4 Den Grill für indirektes Grillen einrichten (siehe S. 19 für Holzkohle und Gas) und auf mittlere Temperatur (160–180 °C) vorheizen. Beim Holzkohlegrill eine große Fettpfanne in die Mitte stellen. Beim Gasgrill die Chunks oder Chips in die Smokebox oder in eine Räuchertasche (siehe S. 20) legen und bei starker Hitze vorheizen, bis sich Rauch bildet, dann die Temperatur im Garraum auf 160–180 °C reduzieren.

5 Sobald es losgehen kann: Beim Holzkohlegrill ggf. das Holz zum Smoken auf die Kohlen geben. Den Rost abbürsten und einölen. Das Huhn mit der Haut nach oben in die Mitte des Rostes über die Fettpfanne legen. Den Grill schließen und das Huhn ca. 40 Minuten grillen, bis die Haut außen schön gebräunt und sehr knusprig ist. Das Fleisch ist gar, wenn das Kernthermometer am dicksten Teil der Keule, ohne den Knochen zu berühren, eine Kerntemperatur von 82 °C anzeigt (siehe S. 30 für andere Möglichkeiten zur Überprüfung des Garzustandes). Wird das Huhn zu braun, locker mit Alufolie abdecken. In den letzten 5 Minuten das Huhn mithilfe von Grillzange und Küchenspatel wenden und direkt über die Glut legen, damit die Haut leicht anbrennt.

6 Das fertige Huhn auf einem Servierteller anrichten und mit Zitronenspalten und ggf. der Mittelmeersalsa servieren.

Ergibt 2–4 Portionen

Tipp!

Auf diese Weise aufgeschnittene Hühner kann man direkt oder indirekt grillen. Bei der ersten Methode bekommt das Huhn ein intensiveres „Feueraroma“, es neigt aber leider auch zum Verbrennen. Zudem flammt die Glut durch das austretende Fett leicht auf. Das indirekte Grillen ist dagegen narrensicher. Wir haben hier das Hühnchen direkt gegrillt.

MITTELMEERSALSA

Ein einfacher mediterraner Salat aus Tomaten, Oliven, Kapern und Knoblauch ist eine herrlich erfrischende Beilage zu gegrilltem Hühnchen (oder jeder anderen Art Fleisch und Fisch). Verwendet wird er genau wie eine Salsa, daher der Name. Ein Rezept wie dieses steht und fällt mit der Qualität seiner Zutaten. Verwenden Sie vollreife Strauchtomaten und hochwertiges Olivenöl. Diese Salsa lebt von seiner Frische: Die Zutaten können im Voraus geschnitten werden, sollten aber erst 10 Minuten vor dem Servieren gemischt werden.

- 2 vollreife Tomaten
- 8 Kalamata- oder andere schwarze Oliven, entsteint und gewürfelt
- 1 EL Kapern, abgetropft
- 1 Knoblauchzehe, fein gehackt
- 6 frische Blätter Basilikum oder glattblättrige Petersilie, in feine Streifen geschnitten
- 3 EL Extra Vergines Olivenöl
- 1 EL Rotweinessig
- Meersalz und frisch gemahlener schwarzer Pfeffer

Die Tomaten halbieren und die Kerne entfernen. Anschließend in ca. ½ cm große Würfel schneiden. In eine Schüssel geben und die Oliven, die Kapern, den Knoblauch, den Basilikum, das Olivenöl und den Essig dazugeben und vorsichtig mischen. Mit Salz und Pfeffer abschmecken.

Ergibt 2–4 Portionen

Variation

Das Huhn kann auch direkt gegrillt werden. Dazu den Grill für direktes Grillen einrichten (siehe S. 18 für Gas und Holzkohle) und auf mittlere Temperatur (160–180 °C) vorheizen. Auf alle Fälle eine Sicherheitszone einrichten (siehe S. 19). Sobald der Grill bereit ist, den Rost abbürsten und einölen. Das Huhn zunächst mit der Haut nach unten auf den Rost legen, bis es außen schön gebräunt und innen gar ist. Das dauert pro Seite ca. 15–20 Minuten. Zum Wenden Grillzange und Küchenspatel verwenden.

TEUFLISCHES HUHN

A la Diable, das Teufelshühnchen, ist die französische Bezeichnung für ein gegrilltes Hühnchen mit einer würzigen Kruste aus Senf, Kräutern und Semmelbröseln (bei den Italienern gibt es ein ähnliches Rezept für Hummer *fra diavolo*, auch wenn die verwendeten Gewürze andere sind). Ich probierte das teuflische Hühnchen zum ersten Mal in den 1970er-Jahren in Paris. Immer, wenn ich wenig Zeit oder keine aufwendigen Zutaten benutzen möchte, meine Gäste aber dennoch total beeindrucken will, greife ich zu diesem Rezept. Sie benötigen ein aufgeschnittenes Huhn (ohne Rückgrat und Brustbein), damit es flach auf dem Grill liegt.

1 Huhn (1 ¾–2 kg)
Meersalz und frisch gemahlener schwarzer Pfeffer
125 ml französischer Senf, körnig (Meaux) oder glatt (Dijon)
100 g geröstete Semmelbrösel
2 EL frischer Estragon, gehackt
2 Knoblauchzehen, fein gehackt
½ TL (oder mehr) rote Chiliflocken
2 EL Butter, geschmolzen
Zitronenspalten zum Servieren
Estragonzweige zum Servieren
Senfsauce (Rezept folgt) zum Servieren

1 Das Paket mit den Innereien aus dem Huhn nehmen und beiseite legen. Überschüssiges Fett in den Körperöffnungen entfernen. Das Huhn unter fließend kaltem Wasser abspülen und innen und außen mit einem Papiertuch trocken tupfen.

2 Aufschneiden des Huhns: Das Huhn mit der Brust nach unten auf die Arbeitsfläche legen. Beginnend am Hals nun das Rückgrat mit der Geflügelschere herausschneiden und ggf. für eine Brühe aufheben. Den Vogel wie ein Buch aufklappen. Mit einem Schälmesser rund um das Brustbein Einschnitte vornehmen und dieses samt des Knorpels herausziehen. Anschließend die Flügelspitzen und jegliche lose Haut entfernen. Zu guter Letzt die Keulen nach unten ziehen, damit das Huhn flach liegt.

Tipp!

Damit sich dieses Rezept voll entfalten kann, benötigen Sie guten französischen Senf und frischen Estragon (oder andere frische Kräuter). Die Semmelbrösel sind am besten hausgemacht: Zum Rösten der Semmelbrösel verteilen Sie diese auf einem hohen Backblech und backen sie 8–15 Minuten bei 180 °C, bis sie schön braun sind. Dabei mehrmals mit einem Küchenspachtel wenden. Anschließend auf Raumtemperatur abkühlen lassen. Luftdicht aufbewahrt halten sie sich mehrere Wochen.

3 Das platte Huhn auf einen großen Teller legen und auf beiden Seiten großzügig mit Salz und Pfeffer würzen. Anschließend beide Seiten dick mit Senf bestreichen. Die Semmelbrösel, den Estragon, den Knoblauch und die Chiliflocken in einer großen flachen Schale mischen. Das Huhn mit der Haut nach unten darin wälzen, dann umdrehen und die Knochenseite ebenfalls in der Mischung wälzen, bis beide Seiten bedeckt sind.

4 Den Grill für indirektes Grillen einrichten (siehe S. 19 für Holzkohle und Gas) und auf mittlere Temperatur (160–180 °C) vorheizen. Beim Holzkohlegrill eine große Fettpfanne in die Mitte stellen.

5 Sobald es losgehen kann: Den Rost abbürsten und einölen. Das Huhn mit der Haut nach oben in die Mitte des Rostes über die Fettpfanne legen und mit der Butter beträufeln. Den Grill schließen und das Huhn ca. 40 Minuten grillen, bis die Haut schön gebräunt ist. Das Fleisch ist gar, wenn das Kernthermometer am dicksten Teil der Keule, ohne den Knochen zu berühren, eine Kerntemperatur von 82 °C anzeigt (siehe S. 30 für andere Möglichkeiten zur Überprüfung des Garzustandes). Wird das Huhn zu braun, locker mit Alufolie abdecken.

6 Das Huhn auf einem Teller anrichten. Mit den Zitronenspalten und den Estragonzweigen garnieren und dazu die Senfsauce reichen.

Ergibt 2–4 Portionen

Variation

Auch Stubenküken oder Hühnerbrust kann auf diese Weise zubereitet werden. Stubenküken benötigen etwa 30 Minuten, Hühnerbrust etwa 20 Minuten.

EINFACHE SENFSAUCE

Nutzen Sie diese Senfsauce nicht nur für Huhn – sie schmeckt auch fantastisch zu gegrilltem Schweinefleisch, Lamm oder Fisch.

Alle Zutaten außer dem Pfeffer in einer Schüssel mit dem Schneebesen verrühren. Anschließend mit dem Pfeffer und ggf. mehr Chiliflocken abschmecken; die Sauce sollte kräftig gewürzt sein. Zugedeckt im Kühlschrank aufbewahrt hält sie sich etwa 1 Woche. Vor dem Servieren wieder auf Raumtemperatur erwärmen.

Ergibt ca. 150 ml

80 ml Mayonnaise
60 ml französischer Senf, körnig (Meaux) oder glatt (Dijon)
1 EL Zitronensaft, frisch gepresst
1 EL A1 Steaksauce
½ TL (oder mehr) rote Chiliflocken
schwarzer Pfeffer, frisch gemahlen

BEILAGEN

Kulinarische Nebendarsteller? Beilagen werden meist nicht so gewürdigt, wie sie es verdienen. In diesem Kapitel wollen wir nun die „Hilfskräfte“ ins Rampenlicht stellen, die ein gutes Barbecue fantastisch und fantastisches Barbecue unvergesslich machen. Auf den folgenden Seiten erhalten Sie einen ganz neuen Einblick in die Zubereitung von gegrilltem Gemüse. Zeit wird‘s, die Beilagen einmal in den Mittelpunkt zu stellen und der Grill ist das perfekte Medium dafür.

GEGRILLTE ARTISCHOCKEN

Die starke, trockene Hitze des Grills hebt die natürliche Süße dieses Gemüses hervor. Allgemein gilt, dass Gemüse zum Grillen einen hohen Wassergehalt haben sollte, so wie Paprikaschoten, Zwiebeln, Champignons, Zucchini und Mais. Feste, weniger wasserhaltige Sorten gelten somit als weniger geeignet. Wann hat man Ihnen z. B. das letzte Mal gegrillte Rote Beete oder Kohlrüben angeboten? Für jede Regel gibt es aber eine Ausnahme und in diesem Fall ist es eine essbare Blüte, die beim Grillen nur scheinbar zäh und ledrig wird: die Artischocke. Dieses Rezept erreichte mich aus Cagliari, Sardinien, und zwar dank Katherine Deumling, einer Feinschmeckerin und ehemaligem Mitglied der *Thomas J. Watson Foundation*. Sie werden die knusprigen Blätter und das intensive Raucharoma lieben und sich das Knoblauchöl von den Fingern lecken, während Sie die gegrillte Artischocke mit den Händen auseinander ziehen.

- 8 Artischocken
- 1 Zitrone, halbiert
- 375–500 ml Extra Vergines Olivenöl
- Meersalz und frisch gemahlener schwarzer Pfeffer
- 4 Knoblauchzehen, fein gehackt
- 3 EL glattblättrige Petersilie, fein gehackt

1 Mit einem scharfen Messer das obere Drittel der Artischocken abschneiden. Anschließend die Stiele direkt am Boden der Artischocken abschneiden. Nun mit einer Küchenschere die Spitzen der Blätter abschneiden und die Schnittflächen der Blätter mit den Zitronenhälften einreiben. Mit einem Kugelausstecher die violetten Blätter und den faserigen Teil im Inneren heraus schaben, sodass ein Hohlraum entsteht. Etwas Zitronensaft in den Hohlraum pressen, die Artischocken dann innen und außen großzügig mit Olivenöl einpinseln und mit Salz und Pfeffer bestreuen. (Sie können die Artischocken aber auch vierteln und mit Öl und Knoblauch einreiben.)

Tipp!

Die besten Artischocken zum Grillen sind ältere Exemplare, deren Blätter sich bereits öffnen. Dadurch können Öl und Hitze tief eindringen, sodass die Blätter wunderbar knusprig werden. Vermeiden Sie harte, fest geschlossene Artischocken, die zwar gedünstet oder gekocht toll schmecken, sich aber nur schwer grillen lassen. Als weitere Zutat benötigen Sie nun vor allem Geduld.

2 Den Grill für das direkte Grillen einrichten (siehe S. 18 für Holzkohle und Gas) und auf mittlere Temperatur (160–180 °C) vorheizen.

3 Sobald es losgehen kann: Die Artischocken mit dem Stiel nach oben etwa 30 Minuten grillen, bis die Schnittflächen schön braun sind. Falls sie zu dunkel werden, nach Möglichkeit in einen kühleren Bereich des Grills schieben.

4 Die Artischocken nun umdrehen, auf einen kühleren Teil des Rostes schieben und noch einmal sehr großzügig mit Olivenöl bepinseln. In jede Öffnung ca. ½ TL Knoblauch und 1 TL Petersilie füllen. Noch einmal mit Salz und Pfeffer bestreuen.
Die Artischocken wieder in den heißen Bereich schieben, den Grill schließen und weitere 30–45 Minuten grillen, bis sie sehr weich sind. Dabei alle 10–15 Minuten mit Öl bepinseln. Die gesamte Garzeit beträgt 1–1 ¼ Stunden. Sind die Artischocken richtig gar, sollten sich die Blätter leicht abziehen lassen. Mit dem restlichen Öl beträufeln und sofort servieren. Dazu am besten Wasserschüsseln zum Eintauchen der Finger und Servietten reichen sowie Schüsseln für den Abfall bereitstellen.

Ergibt 4–8 Portionen

Tipp!

Für gegrillte Artischocken benötigt man Zeit. Nur durch das lange, langsame Grillen über einer mittelheißen Glut werden sie schön knusprig. Ich arbeite hier zwar mit einer mittelheißen Glut, ggf. müssen Sie aber die Temperatur noch weiter reduzieren, damit das Gemüse nicht verbrennt. Sie können auch mit einer Drei-Zonen-Glut (siehe S. 19) arbeiten, dann haben Sie immer einen kühlen Bereich, auf den Sie die Artischocken ggf. schieben können.

IN DEN BLÄTTERN GEGRILLTE MAISKOLBEN

Mit oder ohne Blätter? Diese Frage stellt sich beim Grillen von Maiskolben immer wieder und jede Fraktion ist da sehr eigen. Ich schlage mich meist auf die Seite ohne Blätter, da ich den Rauchgeschmack der gebräunten Maiskörner mag (außerdem klingt es beim Grillen einfach klasse – fast wie Popcorn!). Die Vertreter der Blätter-Fraktion betonen dagegen, dass diese den Eigengeschmack und die Saftigkeit des Kolbens bewahren. Ich finde allerdings, der Mais wird dann eher durch den entstehenden Dampf gedünstet und nicht wirklich gegrillt. Ich bin jedoch bereit, eine Ausnahme zu machen – wenn der Mais direkt in der Glut geröstet wird. Der Prozess ist äußerst spannend anzusehen, von den leuchtend grünen Kolben, die aufgereiht auf den glühenden Kohlen liegen, bis zu den hoffnungslos verbrannten Hüllen, die – sobald abgekratzt – ihr goldenes, rauchiges, unglaublich süßes Innenleben entblättern. Applaus bitte!

- 12 Basilikumblätter (siehe Hinweis)
- 10 EL gesalzene Butter
- 2 Knoblauchzehen, fein gehackt
- ½ TL schwarzer Pfeffer, frisch gemahlen
- 8 Maiskolben mit Blättern (die Kolben müssen komplett umschlossen sein)

Sie benötigen weiterhin:

1 Holzkohlegrill
Holzkohlestücke

1 Zubereitung der Basilikumbutter: Die Basilikumblätter übereinander legen und dann der Länge nach fest zusammenrollen. Anschließend mit einem scharfen Messer quer in dünne Streifen schneiden und diese leicht auseinanderziehen. Die so entstandenen „Bänder" nennt man auch Chiffonade. Die Butter in einem Topf bei mittlerer Hitze schmelzen. Den Knoblauch, den Basilikum und den Pfeffer hineingeben und 2–3 Minuten dünsten, bis es aromatisch duftet und der Knoblauch nicht mehr roh ist. Achtung, den Knoblauch dabei nicht anbrennen lassen! Bis zum Servieren warm halten.

Tipp!

Damit der Mais richtig geröstet wird, benötigen Sie eine Glut aus Holzkohlestücken oder richtigem Holz. Falls Sie einen Gasgrill besitzen, können Sie versuchen, die Kolben bei starker Hitze in ihren Blättern zu grillen, bis diese schwarz sind. Wird Ihr Grill nicht heiß genug, entfernen Sie die Blätter und grillen die Kolben goldbraun; bestreichen Sie sie dabei mit der Basilikumbutter.

2 Kohle oder Holz in einem Anzündkamin entzünden (siehe S. 22). Sobald die Kohlen rot glühen, in den Grill schütten und dort in einer Schicht verteilen. Weiter brennen lassen, bis sich eine dünne Ascheschicht bildet.

3 Die Maiskolben direkt auf die Glut legen und pro Seite 2–3 Minuten (insgesamt 8–12 Minuten) grillen, bis sie rundherum gleichmäßig geschwärzt sind. Anschließend auf einen hitzebeständigen Teller legen.

4 Die verbrannten Blätter und den Maisbart mit sauberen, feuerfesten Handschuhen (siehe S. 24) vorsichtig entfernen. Alternativ eine harte Bürste zur Hilfe nehmen. Jeden Kolben mit Basilikumbutter bepinseln und sofort servieren. Dazu die restliche Butter reichen.

Ergibt 4–8 Portionen

Hinweis

Sie können auch beliebige andere Kräuter verwenden.

IN DER GLUT GAREN

Vergessen Sie die glänzenden Supergrills aus Edelstahl, die mehr kosten, als Sie für Ihr erstes Auto bezahlt haben. Vergessen Sie Gasgrills am besten ganz und betrachten Sie stattdessen eine Methode, die so alt ist wie die Menschheit selbst.

Lange vor der Erfindung von Grillrosten oder gar angespitzten Stöcken zum Zubereiten von Schaschlikspießen, garten die Menschen ihr Essen im Feuer. Tatsächlich direkt im Feuer oder besser gesagt, in der Glut eines Feuers. Sie legten Wurzelgemüse und Fleisch auf die glühenden Kohlen und ließen sie durch die abgestrahlte Hitze garen. War das Essen gar, wurde die Asche einfach abgebürstet. Das war die Geburtsstunde des Barbecues.

Obwohl ich nahezu alles in der Glut gare, sind Wurzelgemüse wie Kartoffeln, Süßkartoffeln, Rote Beete oder andere Rüben ideale Kandidaten. Sogar eine Frucht, die Brotfrucht, ist darunter, die in Jamaika als traditionelle Beilage zum Jerk Pork gilt. Jedes Gemüse mit einer schützenden Schale oder Außenblättern ist zum Garen in der Glut geeignet, von der Aubergine (in der Glut zubereitet wird daraus ein sagenhaftes Baba Ganoush) bis zum Mais. Sie opfern dabei zwar die Schale, aber die geschwärzte Haut kann ganz leicht mit einem Schälmesser, feuerfesten Handschuhen oder einer festen Bürste entfernt werden. Durch das Verkohlen bekommt das Gemüse ein unvergleichliches Raucharoma. In der Glut gegarte Kartoffeln haben z. B. eine unglaublich komplexe Geschmacksintensität, die man nie für möglich halten würde.

Der große Vorteil bei dieser Zubereitungsmethode ist, dass das Essen nicht nur verkohlen kann, sondern verkohlen soll! Das Gemüse soll gegart werden, bis es außen kohlrabenschwarz ist. Wenn Sie eine verkohlte Kartoffel oder Paprikaschote aus der Glut holen, können diese noch heiß genug sein, um Papier zu entzünden, also Vorsicht! Verwenden Sie stets eine Grillzange und legen Sie das Grillgut in eine Schale aus Aluminium oder auf einen feuerfesten Teller. Bürsten Sie stets die überschüssige Asche ab.

Für diese Zubereitungsmethode benötigen Sie natürlich einen Holzkohlegrill oder ein Lagerfeuer. Beim ersteren bevorzuge ich Holzkohlestücke – die aus ganzen Holzstücken produziert wird und aus ungleich großen Kohlestücken besteht. Sie können aber natürlich auch Briketts verwenden – das habe ich auch schon getan.

Sie können auch in der Glut eines Holzfeuers grillen. Der Hobbygrillmeister kann Hartholz (auf keinen Fall Pressholz!) im Grillfachhandel oder Baumarkt kaufen und wie Holzkohle im Anzündkamin entzünden. So gibt es z. B. Eichen-, Hickory- oder Mesquiteholz in passender Größe zu kaufen. Mesquite brennt am heißesten und neigt dazu, lebhaft zu prasseln, also Vorsicht! Falls Sie draußen in der Natur an einem Grillplatz sind, machen Sie am besten einfach ein Lagerfeuer und lassen das Holz herunterbrennen (aber passen Sie gut auf, dass sich das Feuer nicht ausbreitet).

In vielen Teilen der USA ist im Winter Schluss mit dem Grillen im Freien. Falls Sie jedoch einen offenen Kamin besitzen sollten, können Sie auch in dessen Glut ganz wunderbar grillen.

KNOBLAUCHBROT „HASENOHREN“

Die Italiener nennen es Bruschetta. Ich nenne es geröstetes Brot und nichts eignet sich besser als Basis für einen Dip oder Aufstrich – oder einfach frisch aus der Hand gegessen. Das Brot wird direkt gegrillt und dank seiner länglichen, ovalen Form erinnert es mich ein bisschen an Hasenohren.

1 dünnes Baguette (50–60 cm lang)
2 EL (oder mehr) Extra Vergines Olivenöl
2 Knoblauchzehen, halbiert

1 Das Brot schräg in 1 cm dicke Scheiben schneiden. Beide Seiten dünn mit Olivenöl bepinseln (das Öl sollte nicht heruntertropfen, da es sonst Feuer fangen kann).

2 Den Grill für direktes Grillen einrichten (siehe S. 18 für Holzkohle und Gas) und auf 200 °C Temperatur vorheizen.

3 Sobald es losgehen kann: Die Brotscheiben auf den Grillrost legen und 1–3 Minuten pro Seite grillen, bis sie auf beiden Seiten leicht gebräunt sind. Den Grill keine Sekunde aus den Augen lassen, da das Brot sehr schnell verbrennt. Den fertigen Toast auf einen Teller oder ein Kuchengitter legen.

4 Jede Scheibe auf beiden Seiten mit dem Knoblauch einreiben (Ihre Gäste können das auch selbst machen). Heiß vom Grill oder leicht abgekühlt servieren.

Ergibt 20–24 Scheiben

GEGRILLTE CHILIS

Chilischoten werden überall auf der Welt gerne gegessen. In der Türkei und in Japan werden sie nahezu identisch zubereitet. Ein Rezept, das nur aus einer Zutat besteht und bei Barbecuefans an entgegengesetzten Enden der Erde gleichermaßen beliebt ist, erscheint mir nahezu perfekt.

500 g Chilis nach Wahl (etwa 20 Stück)

Sie benötigen weiterhin:

8 kleine Metall oder Bambusspieße, letztere müssen 1 Stunde in kaltem Wasser eingeweicht werden.

1 Je 5–6 Schoten nebeneinander legen und überkreuz an 2 Stellen aufspießen (sodass eine Art Floß entsteht).

2 Den Grill für direktes Grillen einrichten (siehe S. 18 für Holzkohle und Gas) und auf starke Hitze vorheizen.

3 Sobald es losgehen kann: Die aufgespießten Chilischoten auf den heißen Rost legen und pro Seite 2–5 Minuten dunkelbraun grillen (insgesamt 4–10 Minuten). Anschließend auf einen Teller legen, die Spieße entfernen und sofort servieren oder auf Raumtemperatur abkühlen lassen. In der Türkei werden sie gerne zu Lamm- oder Rinderspießen serviert, in Japan zu Yakitori oder Rindfleisch-Teriyaki.

Ergibt 6-8 Portionen

Tipp!

Chilis verlieren durch das Grillen etwas an Schärfe. Die meisten Sorten werden Sie aber trotzdem noch zum Schwitzen bringen. Sie sollten reichlich Bier oder Joghurt zum Löschen ihres inneren Feuers bereitstellen.

GLUTKARTOFFELN

Kartoffeln:

4 große Backkartoffeln (je 350–400 g), abgebürstet
1 ½–2 EL Olivenöl oder Butter, geschmolzen
reichlich Meersalz und frisch gemahlenen schwarzen Pfeffer
Knoblauchpulver

Butter:

2 Scheiben Bacon, in ½ cm große Stücke geschnitten
4 EL gesalzene Butter, auf Raumtemperatur
60 ml Sour Cream
2 EL frischer Schnittlauch oder das Grün von Frühlingszwiebeln, fein gehackt
schwarzer Pfeffer, frisch gemahlen

Sie benötigen weiterhin:

1 Holzkohlegrill
Holzkohlestücke

Tipp!

Röstet man die Kartoffeln ohne Folie in der Glut, verbrennt die Schale so sehr, dass man sie nicht mehr essen kann. Ich verwende deshalb gern Alufolie.

Lange bevor es Grills oder gar Öfen gab, garten die Menschen ihr Essen in der Glut. Sie benötigten dafür keine besondere Ausstattung und ein derart tolles Raucharoma erhalten Sie bei keiner anderen Zubereitungsart. Dieses Rezept für Backkartoffeln wird Ihnen eine ganz neue Perspektive eröffnen, denn wenn Sie die Alufolie öffnen, erwartet Sie darunter eine unnachahmlich aromatische, fluffige, weiße Köstlichkeit. Die Sour-Cream-Butter mit Schnittlauch und Bacon vereint alle klassischen Toppings in einem.

1 Die Kartoffeln mit Olivenöl einreiben und großzügig mit Salz, Pfeffer und Knoblauchpulver würzen. Anschließend fest in mehrere Lagen Alufolie wickeln.

2 Den Bacon in einer beschichteten Pfanne bei mittel-hoher Temperatur 3–4 Minuten goldbraun und knusprig braten. Mit einem Holzlöffel umrühren. Anschließend über einer Metallschüssel abtropfen lassen (das ausgelassene Fett eignet sich prima zum Bepinseln von Kartoffeln oder für eine Barbecuesauce).

3 Die Butter in einer Rührschüssel mit einem Schneebesen aufschlagen. Die Sour Cream, den Schnittlauch und den Bacon unterheben und alles mit Pfeffer abschmecken. Zum Servieren in eine hübsche Schale füllen.

4 Die Kohlen in einem Anzündkamin entzünden (siehe S. 22). Sobald sie rot glühen, in den Grill schütten und auf einer Seite einen Gluthaufen bilden. Weiter brennen lassen, bis sich eine dünne Ascheschicht bildet.

5 Sobald es losgehen kann: Die Kartoffeln neben den Gluthaufen legen und mit einer kleinen Schippe oder einer großen Grillzange die glühenden Kohlen darüber verteilen. Die Kartoffeln 1–1 ¼ Stunden rösten, bis sie sehr weich sind, dabei von Zeit zu Zeit drehen und bei Bedarf frische Glut nachlegen. Die Kartoffeln sind gar, wenn sie sich durch die Folie hindurch eindeutig weich anfühlen (testen Sie das mit feuerfesten Handschuhen!). Alternativ einen Metallspieß hineinstechen; dabei sollte kein Widerstand zu spüren sein. Nach 45–60 Minuten ggf. frische Kohlen auf die Glut legen. Diese entzünden sich nach etwa 10 Minuten.

6 Die fertigen Kartoffeln mit einer Grillzange aus der Glut nehmen, in eine Grillschale aus Alufolie legen und 5 Minuten abkühlen lassen. Anschließen vorsichtig auswickeln, längs halbieren und mit der Sour-Cream-Butter servieren.

Ergibt 4 Portionen

Variation

Sie können die Kartoffeln auch in einem Gasgrill garen. Dafür wie in Schritt 1 vorgehen, die Kartoffeln dann aber nicht einwickeln. Stattdessen mehrfach mit einer Gabel einstechen. Den Grill für das indirekte Grillen einrichten (siehe S. 19) und auf mittelhohe Temperatur vorheizen. Die Kartoffeln dann auf dem heißen Rost 1–1 ¼ Stunden grillen, bis sie schön braun und sehr weich sind.

PAPRIKASUPPE VOM GRILL

Wenn Sie dieses Jahr den Grill angeworfen haben, dann haben Sie bestimmt Steaks, Hamburger, Hotdogs oder Hühnchen gegrillt, vielleicht gar einen ganzen Fisch und jede Menge Gemüse. Eine Grenze wird aber praktisch nie überschritten, ein Gericht zuzubereiten, das so unwahrscheinlich klingt, dass nur ein Barbecueverrückter auf die Idee kommen könnte. Ich spreche davon, aus dem gegrillten Gemüse eine „gegrillte Suppe" zu kochen. Die samtige Suppe aus verkohlten gelben Paprikaschoten kann heiß oder kalt serviert werden; letzteres ist besonders im Sommer wunderbar erfrischend. Paprikaschoten gehören zu den wenigen Lebensmitteln, die selbst verbrannt noch gut schmecken.

6 Knoblauchzehen, geschält
1 mittelgroße Zwiebel, geschält und geviertelt (das Wurzelende nicht abschneiden)
3 EL Extra Vergines Olivenöl
Meersalz und frisch gemahlener schwarzer Pfeffer
6 große gelbe Paprikaschoten
1 l hausgemachte Hühnerbrühe (S. 52) oder salzarme Hühner- bzw. Gemüsebrühe aus dem Supermarkt
1 EL (oder mehr) Balsamico
4 ganze frische Basilikumblätter, plus 4 Basilikumblätter, in dünne Streifen geschnitten, zum Garnieren
125 ml Joghurt oder Sour Cream, plus 2 EL zum Garnieren
1 TL (oder mehr) Rohrzucker
Pfeffer (optional)

Sie benötigen weiterhin:
6 Zahnstocher, 1 Stunde in kaltem Wasser eingeweicht und dann abgegossen

1 Die Knoblauchzehen auf die Zahnstocher spießen. Anschließend den Knoblauch und die Zwiebelviertel mit 1 EL Olivenöl bepinseln und mit Salz und Pfeffer würzen.

2 Den Grill für direktes Grillen einrichten (siehe S. 18 für Holzkohle und Gas) und auf starke Hitze vorheizen.

3 Sobald es losgehen kann: Den Knoblauch, die Zwiebeln und die Paprikaschoten auf den Rost legen. Den Knoblauch 2–4 Minuten pro Seite (insgesamt 4–8 Minuten) und die Zwiebel ebenso 2–4 Minuten pro Seite (6–12 Minuten, die Viertel haben drei Seiten!) grillen, bis sie rundherum schön gebräunt sind. Die Paprikaschoten 4–6 Minuten pro Seite (insgesamt 16–24 Minuten) grillen, bis sie schwarz sind. Mit einer Grillzange wenden, damit das Gemüse gleichmäßig geröstet wird.

Tipp!

Die Paprikaschoten für dieses Rezept können Sie auf zwei Arten rösten: auf dem Grill oder, für den absoluten Rauchgeschmack, direkt in der Glut (siehe S. 185).

4 Den Knoblauch und die Zwiebeln auf einem feuerfesten Teller abkühlen lassen. Die Paprikaschoten in eine große Schüssel geben und mit Frischhaltefolie abdecken. Durch den entstehenden Dampf lässt sich die Haut leichter abziehen. Nun den Knoblauch von den Zahnstochern ziehen und die Wurzel der Zwiebel abschneiden. Die Haut der Paprikaschoten mit einem Schälmesser abziehen (es dürfen ruhig ein paar schwarze Stellen bleiben). Die Paprikaschote in grobe Stücke schneiden und die Kerne entfernen. Zusammen mit dem Knoblauch und der Zwiebel in einen großen Topf geben und mit der Brühe aufgießen. Das restliche Olivenöl, den Essig und die ganzen Basilikumblätter dazugeben. Langsam aufkochen und dann bei mittlerer Hitze 5–10 Minuten köcheln, bis das Gemüse weich ist. Mit Salz und Pfeffer abschmecken.

5 Die Suppe in einem Mixer pürieren, bis sie die Konsistenz von etwas dickerer Sahne hat. Den Joghurt dazugeben und noch einmal stoßweise mixen. Soll die Suppe kalt serviert werden, in eine Schüssel abseihen, auf Raumtemperatur abkühlen lassen und dann kalt stellen. Wird die Suppe heiß serviert, in den Topf abseihen und bei mittlerer Hitze 2 Minuten aufwärmen, aber nicht mehr kochen lassen. Noch einmal abschmecken – die Suppe sollte kräftig gewürzt sein. Nach Bedarf etwas Rohrzucker oder Pfeffer hinzufügen.

6 Die Suppe zum Servieren in Schüsseln verteilen und mit einem Klecks Joghurt garnieren. Zu guter Letzt mit einigen Basilikumstreifen bestreuen.

Ergibt 4 Portionen

Variation

Variation: Sie können das Gemüse auch in der Glut rösten. Dazu Kohle in einem Anzündkamin entzünden (siehe S. 22). Sobald die Kohlen rot glühen, in den Grill schütten und dort in einer Schicht verteilen. 5–10 Minuten weiter brennen lassen, bis sich eine dünne Ascheschicht bildet. Den Knoblauch, die Zwiebel und die Paprikaschoten direkt in die Glut legen (die Zwiebel ganz lassen und ebenso wie den Knoblauch nicht einölen. Den Knoblauch aber in Alufolie wickeln). So lange grillen, bis das Gemüse rundherum schwarz verkohlt ist (1–2 Minuten für den Knoblauch, 1–2 Minuten pro Seite für die Zwiebel – insgesamt 3–6 Minuten insgesamt – und 1–2 Minuten pro Seite für die Paprikaschoten – 4–8 Minuten insgesamt). Mit einer Grillzange wenden, damit das Gemüse gleichmäßig verkohlt. Anschließend wie in Schritt 4 beschrieben weiter vorgehen. Allerdings muss auch von der Zwiebel und dem Knoblauch die geschwärzte Haut entfernt werden.

HASH ON THE HALF SHELL

Mein Barbecue-Kumpel „Oklahoma“ Joe Davidson gewann mit diesen gefüllten Kartoffeln in South Carolina (die Teilnehmer aus South Carolina waren von dem Emporkömmling aus Oklahoma nicht begeistert) einen Wettkampf in der Kategorie „Hackfleisch“. Das Ganze sieht auf den ersten Blick wie eine gewöhnliche gefüllte Backkartoffel aus, aber durch die Beigabe von gehacktem Brisket bekommt es eine ganz neue Dimension. Falls Sie kein Brisket haben, können Sie auch Pulled Pork, Ribs ohne Knochen, zerbröselten Bacon oder, für die Vegetarier, gegrillte Champignons verwenden.

4 große Backkartoffeln (je 350–400 g)
350 g Brisket oder ähnliches, gewürfelt
250 ml Sour Cream
8 EL Butter, in 1 cm große Stücke geschnitten
250 g Colby-Jack-Käse oder Cheddar, grob gerieben
Meersalz und frisch gemahlener schwarzer Pfeffer
50 g frischer Schnittlauch oder das Grün von Frühlingszwiebeln, fein gehackt

Sie benötigen weiterhin:

1 Tasse Chunks oder Chips (am besten Hickory oder Pekan), 1 Stunde in Wasser eingeweicht und abgegossen

1 Den Grill für indirektes Grillen einrichten (siehe S. 19 für Holzkohle und Gas) oder den Ofen auf 200 °C vorheizen.

2 Die Kartoffeln abbürsten und jede mehrmals mit einer Gabel einstechen. Anschließend in die Mitte des Grillrostes legen und etwa 1 Stunde grillen (oder im Ofen backen), bis sie sehr weich sind. Die fertigen Kartoffeln auf ein Schneidebrett legen und auf Raumtemperatur abkühlen lassen. Die Kartoffeln können bis zu 3 Tage im Voraus gekocht werden.

3 Jede Kartoffel längs halbieren. Das Innere der Kartoffel mit einem Löffel herauskratzen, dabei aber einen 1 cm breiten Rand stehen lassen. Die Kartoffelmasse in einer Schüssel grob zerkleinern und mit dem Brisket, der Sour Cream, 6 EL Butter und der Hälfte des Käses mischen. Anschließend mit Salz und Pfeffer abschmecken – die Mischung sollte kräftig gewürzt sein. Das Ganze nun zurück in die Kartoffelhälften füllen, die restliche Butter und den restlichen Käse darauf verteilen und alles mit Schnittlauch bestreuen. Bis zu diesem Punkt kann das Rezept einen Tag im Voraus vorbereitet werden.

4 Den Grill für indirektes Grillen einrichten (siehe S. 19 für Holzkohle und Gas) und auf mittlere Temperatur (160–180 °C) vorheizen. Beim Gasgrill die Chunks oder Chips in die Smokebox oder in eine Räuchertasche (siehe S. 20) legen und bei starker Hitze vorheizen, bis sich Rauch bildet, dann die Temperatur auf 160–180 °C reduzieren.

5 Sobald es losgehen kann: Beim Holzkohlegrill das Holz zum Smoken auf die Kohlen geben und die Kartoffelhälften in die Mitte des Grillrostes legen. Den Grill schließen und die Kartoffeln 10–15 Minuten grillen, bis der Käse geschmolzen ist und die Füllung anfängt zu blubbern. Sofort servieren.

Ergibt 8 Portionen

Tipp!

Joe besteht darauf, dass wir die richtige Kartoffelgröße verwenden. Große Backkartoffeln wiegen 350–400 g. Sie können indirekt gegrillt oder im Ofen gebacken werden. Sie können sogar richtig gesmokt werden (aber nicht zu viel Rauch einsetzen). Auf jeden Fall können die Kartoffeln bis zu einem bestimmten Punkt mindestens einen Tag im Voraus vorbereitet werden.

ROT-WEIß-BLAUER KARTOFFELSALAT

Jedes Barbecue braucht einen Kartoffelsalat. Und was eignet sich für eine Party zum 4. Juli besser, als ein patriotischer Salat aus roten, weißen und blauen Kartoffeln? Rote und weiße Kartoffeln sind recht gewöhnlich; ich empfehle die Verwendung von kleinen Kartoffeln mit dünner Schale. Blaue Kartoffeln stammen aus Peru (werden heute aber auch in den USA angebaut) und ihr blaues Fleisch ist immer wieder eine Freude. Heutzutage bekommt man sie in gut sortierten Supermärkten. Sollten Sie keine kleinen Kartöffelchen bekommen, tun es auch die großen.

1–2 Scheiben Bacon oder Pancetta (optional)
3 EL (oder mehr) Mayonnaise
1 EL (oder mehr) Dijonsenf
1 EL (oder mehr) Estragonessig oder destillierter weißer Essig
1 EL Kapern mit Saft
2 Frühlingszwiebeln, (weiße und grüne Teile) geputzt und fein geschnitten (2 EL vom Grün zum Garnieren reservieren)
750 g rote, weiße und blaue Kartoffeln
1 ½ EL Olivenöl
reichlich Meersalz und frisch gemahlenen schwarzen Pfeffer

Sie benötigen weiterhin:

1 Tasse Chunks oder Chips (am besten Hickory oder Eiche), 1 Stunde in Wasser eingeweicht und abgegossen
1 Grillschale aus Alufolie, groß genug für alle Kartoffeln

1 Den Bacon ggf. halbieren und in einer beschichteten Pfanne 3–4 Minuten goldbraun braten. Mit einem geschlitzten Löffel aus der Pfanne heben und auf Papiertüchern abtropfen lassen.

2 Zubereitung des Dressings: Die Mayonnaise, den Senf, den Essig, die Kapern und die Frühlingszwiebeln in einer großen Schüssel verrühren und erst einmal beiseite stellen.

3 Die Kartoffeln abbürsten, aber nicht schälen. In die Aluschale legen, mit Olivenöl beträufeln und großzügig mit Salz und Pfeffer bestreuen.

4 Den Grill für indirektes Grillen einrichten (siehe S. 19 für Holzkohle und Gas) und auf mittlere Temperatur (160–180 °C) vorheizen. Beim Gasgrill die Chunks oder Chips in die Smokebox oder in eine Räuchertasche (siehe S. 20) legen und bei starker Hitze vorheizen, bis sich Rauch bildet, dann die Temperatur auf 160–180 °C reduzieren.

5 Sobald es losgehen kann: Beim Holzkohlegrill das Holz zum Smoken auf die Kohlen geben. Die Grillschale mit den Kartoffeln in die Mitte des Rostes stellen. Den Grill schließen und die Kartoffeln etwa 40 Minuten grillen, bis sie weich sind. Zum Testen einen Metallspieß hineinstechen; es sollte kein Widerstand spürbar sein. Anschließend vom Grill nehmen und abkühlen lassen.

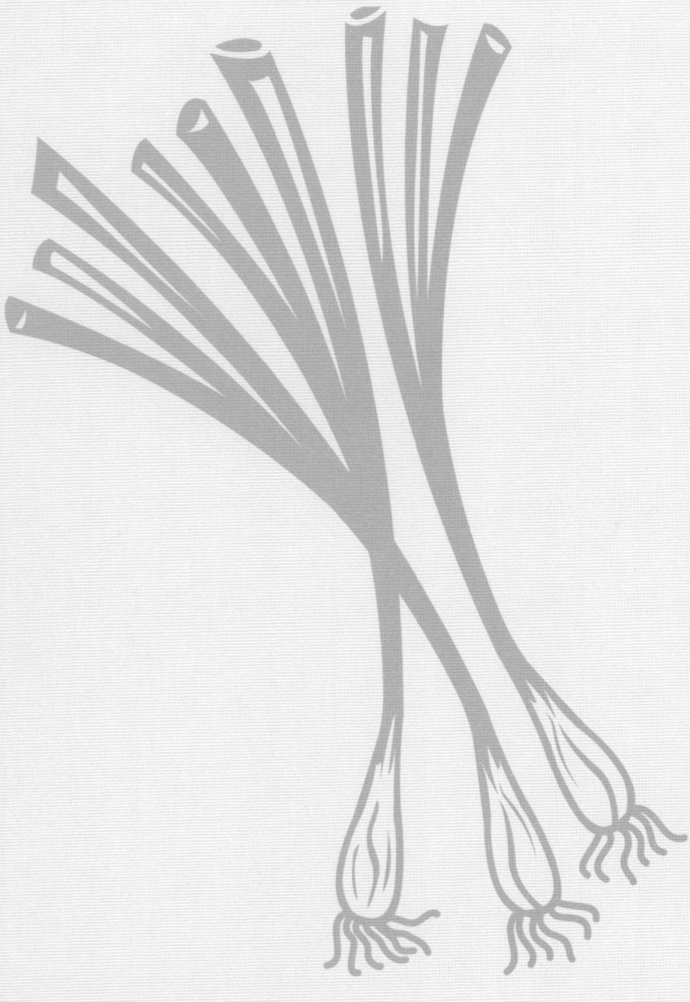

6 Größere Kartoffeln vierteln, kleinere halbieren. Die Kartoffelstücke zum Dressing geben und darin schwenken. Noch einmal abschmecken und bei Bedarf nachwürzen. Ist der Salat zu trocken, etwas mehr Mayonnaise unterrühren. Mit dem Frühlingszwiebelgrün bestreuen und sofort servieren.

Ergibt 4–6 Portionen

Tipp!

Sie könnten die Kartoffeln für den Salat natürlich kochen, wie es die meisten Menschen tun. Ich mag aber die zusätzliche Geschmacksnuance, die ich durch das Rösten erhalte. Das können Sie bereits 1–2 Tage im Voraus machen, wenn Sie ohnehin gerade etwas anderes grillen (man muss schon sehr verrückt sein, den Grill extra für einen Kartoffelsalat anzuwerfen!). Sie könnten auch Reste von Backkartoffeln verwenden, wenn Sie deren weiche, wachsartige Konsistenz bevorzugen.

INDEX

I

J

K

L

M

T

V

W

Z

BESSER GRILLEN

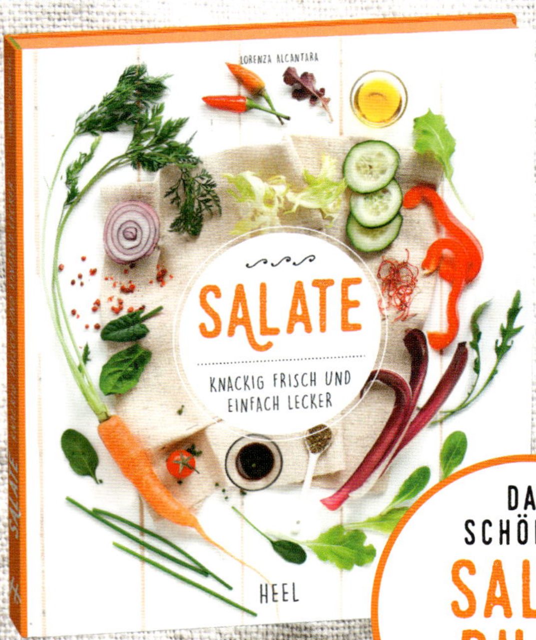

DAS
SCHÖNSTE
SALAT
BUCH
DES JAHRES

336 Seiten, zahlreiche Farbfotos,
gebunden, 183 x 225 mm
ISBN 978-3-95843-052-5
EUR 29,95

160 Seiten, gebunden,
205 x 324 mm
ISBN 978-3-95843-713-5
EUR 18,00

208 Seiten, zahlreiche Farbfotos,
gebunden, 183 x 225 mm
ISBN 978-3-95843-492-9
EUR 19,99

Unsere Bücher erhalten Sie in Ihrer Buchhandlung

DER AUTOR

Nach einem Abschluss in Französischer Literatur am Reed College in Portland, Oregon, führte ein Stipendium für Mittelalterliches Kochen in Europa **Steven Raichlen** nach Paris. Er besuchte dort die berühmten Kochschulen *Cordon Bleu* und *La Varenne*. Bekannt wurde er 1998 mit seinem Buch *The Barbecue Bible*, das etliche Auszeichnungen erhielt. In den USA gilt Raichlen als Barbecue-Guru. Er moderiert zwei TV-Serien (*Barbecue University* und *Primal Grill*) und schreibt „nebenbei" Bücher wie *Barbecue Bible presents: Saucen, Rubs, Marinaden und Grillbutter*.

DIE FOTOGRAFIN

Sandra Then arbeitet in den Bereichen Portrait, Schauspiel und Oper, Reportage und Food. Ihre Bilder sind international in Ausstellungen vertreten.